Food &
Glas

100 Köstlichkeiten im Glas serviert

Food & Glas

100 Köstlichkeiten im Glas serviert

José Maréchal
Fotos Richard Boutin

CHRISTIAN VERLAG

Tipps & Infos

Die Küchenausstattung

Um verschiedene Lagen in ein ausgewähltes Glasgefäß zu schichten, sind etwas Fingerspitzengefühl und – je nach Konsistenz der Zutaten – unterschiedliche Einfüllmethoden hilfreich. Der Einsatz eines Spritzbeutels ist ideal für Mousses, Cremes, Gemüsepürees, Taramas, Tapenaden und andere weiche Massen. Für Zutaten mit festerer Konsistenz, Zerealien, zurechtgeschnittenes Gemüse oder Obst, ist die Verwendung eines Mokkalöffels, eines Eislöffels oder eines Latte-macchiato- beziehungsweise Barlöffels (mit langem Stiel) empfehlenswert, je nach Durchmesser und Höhe des verwendeten Glases. Für dickflüssige Zutaten, sei es Sirup, Crème anglaise oder Coulis, eignet sich eine Bratenspritze besser als ein Löffel, da diese präziser und leichter zu handhaben ist. Ersatzweise kann auch eine gewöhnliche Spritze, wie sie in Apotheken erhältlich ist, verwendet werden.

Zurechtschneiden und einschichten

Zum Zurechtschneiden von Teig und Gebäck oder um Kreise von der Größe des verwendeten Glases zu erhalten, sind Ausstechförmchen nützlich. Sie können aber auch ganz einfach ein umgedrehtes Glas verwenden, das Sie unter vorsichtigem Drehen auf den Teig drücken. Knusprige Lagen machen sich auch hervorragend als eigenständige Schicht in Ihrer Glasspeise.

Gefäße

Keine Panik, wenn Sie eine größere Menge von Speisen im Glas für ein Buffet oder für viele Gäste zaubern möchten. Falls Sie nicht genügend Gläser besitzen, verwenden Sie auch Joghurt-, Marmeladen- und Saucengläser oder leihen Sie welche von Freunden und erfreuen Sie Ihre Gäste durch eine Vielfalt an Farben und Formen. Notfalls finden Sie im Handel problemlos alles Gewünschte: Gläser aus Plastik in Form von Weingläsern oder Champagnerflöten, durchsichtige Gefäße für Saucen, die für wenig Geld ihren Zweck vollauf erfüllen.

Magische Eiswürfel

Möglicherweise möchten Sie für ein Buffet oder eine Einladung etwas im Voraus zubereiten; hierfür bieten sich herkömmliche Eiswürfelbehälter oder Eiswürfelbehälter aus Silikon an, die Sie mit Pesto, Tapenade, Coulis, Mousses und Ähnlichem füllen und einfrieren können. Am Tag der Einladung müssen die entsprechenden Zutaten dann nur noch aus dem Behälter herausgelöst und zusammen mit den letzten Zutaten ins Glas gefüllt werden – und die Köstlichkeit im Glas ist im Handumdrehen fertig!

Frischkäse

Ob salzig oder süß – Frischkäse ist für Speisen im Glas eine wichtige Grundzutat, die beliebig variiert werden kann. Mascarpone, reichhaltig und herrlich cremig, und Ricotta liegen stark im Trend; Brousse, meist aus Schafsmilch hergestellt, sowie Ziegenfrischkäse – nicht zu vergessen die verschiedenen Frischkäsesorten aus Kuhmilch – sind allesamt einfach zu verarbeiten und bieten viel Abwechslung in Konsistenz und Geschmack. Vermischt mit Crème fraîche oder aufgelockert mit steif geschlagenem Eiweiß (à la Tiramisu), können nun weitere Zutaten hinzugefügt werden, von Gewürzen, frischen Kräutern über Öl bis zu Konfitüren und Kompott.

Tatar und Gehacktes

Jawohl, bei Tatar handelt es sich um rohes Fleisch! Je nach persönlicher Vorliebe sorgfältig mit einem Messer in winzige Würfel geschnitten oder durch den Fleischwolf gedreht. Mögen sich manche auf das sehr klassische (doch nichtsdestotrotz köstliche) Tatar vom Rind beschränken, wagen Sie sich doch einmal an kühnere Kombinationen heran: Lachs + Ingwer + Grapefruitsaft, Thunfisch + Kokosnuss + Limette, beides mit Tatar; Ente + rote Pfefferkörner + Balsamico oder Geflügel + Curry + Orangensaft. Für diese Kombinationen mit Ente und anderem Geflügel wird gekochtes oder gebratenes Fleisch (Resteverwertung) gehackt oder das Tatar vor der Zubereitung angebraten.

Fisch-Rillettes und Taramas

Die Zubereitung von Fisch-Rillettes ist ein Kinderspiel! Makrele, Thunfisch, Lachs und Sardine, frisch oder (für die Faulen) aus der Konserve oder auch aus Resten vom Vortag – es gibt ein Rezept für alle: ⅔ grätenfreier Fisch + ⅓ weiche Butter, gemischt mit Frischkäse (um die Sache etwas leichter zu gestalten …). Anschließend geht es einmal quer durch die Gewürz- und Aromapalette: Makrele und Sardine harmonieren mit frischen Kräutern jeder Art, mit Saaten und Beeren, während sich beim Lachs auch kühnere Kombinationen anbieten: Curry, Kreuzkümmel und – wer wagt, gewinnt: Vanille! Tarama, die Creme aus Kabeljaukaviar, sticht durch ihre Rosafärbung hervor, es gibt sie jedoch auch aus Lachskaviar und aus Meerbarbenkaviar, was etwas Abwechslung in Geschmack und Farbe ins Spiel bringt.

Kaviar

Nein, hier ist nicht der Kaviar gemeint, der unter anderem bei Petrossian angeboten wird … Ich spreche von den feinen Pürees aus Gemüse, das gewöhnlich aus dem Süden stammt (Auberginen, Zucchini, frische oder getrocknete Tomaten …), gegrillt und in verschwenderischen Mengen Olivenöl geschmort wird. Dieser Kaviar ist quasi ein Kompott aus dem Gemüsegarten oder – noch besser – aus Ihrem eigenen Gemüsegarten!

Tapenaden

Olivenkaviar, sagen Sie? Nicht ganz …
Das Rezept stammt aus der Provence.
Doch dieses Tatar aus grünen oder
schwarzen Oliven, ergänzt um eine kleine
Menge Sardellen und Kapern, kommt
ganz ohne Garen aus. Nach dem Motto
„wenig Arbeit, große Wirkung" verleihen
Tapenaden jedem Frischkäse einen raffi-
nierten Geschmack und Ihren Glasspeisen
auch farblich eine besondere Note.

Kompotte, Chutneys und Konfitüren

Kompotte und Konfitüren sind überall
bekannt. Und (meistens auch) die
Früchte, die dafür verwendet werden. Es
gibt nur eine Regel: Saisonalität. Erdbeer-
und Rhabarberkonfitüre im Frühsommer
und Apfel-Birnen-Kompott im Herbst.
In einem Chutney lassen sich gewagtere
Kombinationen realisieren. Es handelt
sich dabei um eine Art Würzsauce
aus Gemüsen (Zwiebeln, Auberginen,
Tomaten …) oder Früchten (Mango,
Ananas, Kokosnuss …). Ein Chutney ist
immer eine Mischung aus würzig, süß und
sauer, ob püriert oder stückig – der
gemeinsame Nenner heißt: süßsauer!

Gebäck

Rosafarbene Roses de Reims oder Löffelbiskuits, zerkrümelt oder leicht getränkt,
buttrige, mürbe Sandplätzchen oder Schokoladenkekse, knusprige Waffelröllchen
oder locker-leichte Waffeln … Möglicherweise haben Sie es bisher nicht bemerkt,
doch Ihr Vorratsschrank ist eine wahre
Fundgrube! Mithilfe von süßem Gebäck,
aber auch von salzigem – wie Salzbrezeln,
Grissini und Tacos – lassen sich die ab-
wechslungsreichsten Glasspeisen zaubern:
mit Knabberknusper-Effekt und immer
gut für eine Überraschung!

Getrocknete und kandierte Früchte und Nüsse

Korinthen, Pistazien, Haselnüsse, Man-
delblättchen, Kokosnuss, Pekannuss,
Macadamianuss, nicht zu vergessen
Orangen- oder Zitronenschale, kandierte
Kirschen oder Angelika (Engelwurz),
Datteln, getrocknete Aprikosen und Fei-
gen – der Möglichkeiten sind viele,
Ihren Speisen im Glas das gewisse kuli-
narische Etwas zu verleihen. Greifen
Sie auch ruhig einmal auf die Klassiker
zurück. Was halten Sie von Pistazien im
Crumbleteig oder von fein geschnit-
tenem kandiertem Ingwer in der Schoko-
ladencreme?

Gewürze und aromatische Zutaten

Curry, Paprikapulver, Tandoori-Gewürz,
Kreuzkümmel, Kardamom, Vogelaugen-
chili oder Piment d'Espelette, Safran
oder viele der kulinarischen Souvenirs aus
dem Asien- oder Orienturlaub, einhei-
mische oder exotische Schätze sorgen für
willkommene Abwechslung bei Ihren
Glasspeisen.

Saucen

Crème anglaise oder Schlagsahne,
Früchte- oder Gemüse-Coulis, Ahorn-
sirup, Sirup aus grünem Tee, als zarte
Geleeschicht oder als krönender Abschluss – Coulis, Saucen, Sirupe und
Cremes verleihen Ihren Speisen im Glas
auf delikate Weise Farbe, genau wie pikante Saucen, wie beispielsweise Tabasco,
Worcestersauce, Sojasauce, Ketchup
oder Piccalilli eine einfache Mayonnaise
oder einen Frischkäse im Handumdrehen
in etwas ganz Besonderes verwandeln.

Klassisches im Glas

Sellerie-Milchshake mit Schinkenspeck

Vorbereitungszeit + Garzeit: 25 Minuten
Kühlzeit: 2 Stunden
Für 6–8 Gläser

¼ **Knolle Sellerie**
400 ml Milch
6 Scheiben Schinkenspeck
3 Prisen Salz
2 Prisen Pfeffer
2 EL Öl

Für den Milchshake den Sellerie schälen und in kleine Würfel schneiden. Die Milch in einen Topf geben und mit den Selleriewürfeln, dem Salz, dem Pfeffer und zwei Scheiben des Schinkenspecks zum Kochen bringen. Danach alles im Mixer pürieren; Konsistenz und Würze prüfen und nach Bedarf anpassen. Kühl stellen.

Für den gebratenen Schinkenspeck die restlichen Scheiben in kleine Streifen schneiden. Das Öl in eine antihaftbeschichtete Pfanne geben und den Schinkenspeck bei mittlerer Temperatur darin anbraten, bis er etwas knusprig ist. Auf saugfähigem Küchenpapier abtropfen lassen.

Zum Fertigstellen den gut gekühlten Sellerie-Milchshake direkt vor dem Servieren in die Gläser füllen und mit den gebratenen Schinkenspeckstückchen garnieren.

Ei im Glas „Mimosa"

Vorbereitungszeit + Garzeit: 20 Minuten
Für 4–6 Gläser

6 Eier
250 g Mayonnaise
Salz und frisch gemahlener weißer Pfeffer

Die Eier in kochendem Salzwasser 10 Minuten kochen, danach mit kaltem Wasser abschrecken. Sofort schälen, dann die Eier in Eigelbe und Eiweiße trennen. Die Eiweiße durch ein feines Sieb streichen und in eine Schüssel geben, die Eigelbe mithilfe einer Gabel zerdrücken und in eine zweite Schüssel geben. Jeweils die Hälfte der Mayonnaise hinzufügen und cremig rühren. Mit Salz und Pfeffer abschmecken.

Zum Fertigstellen die beiden Cremes mithilfe eines Spritzbeutels oder mit Mokkalöffeln abwechselnd in die Gläser schichten.

TIPP *Dieses einfache Rezept lässt sich durch Zugabe von frischen Kräutern oder Gewürzen zum Eigelb ganz leicht abwandeln.*

Käsecreme mit Schinken und Salatgurke

Vorbereitungszeit: 15 Minuten
Für 4–6 Gläser

1 Salatgurke
3–4 Scheiben gekochter Schinken
12 Ecken Schmelzkäse

Die Gurke der Länge nach halbieren, dann das weiche Innere mithilfe eines Kaffeelöffels herausschaben. Anschließend die Gurke in kleine Würfel schneiden.

Den gekochten Schinken entweder in der Küchenmaschine pürieren oder mit einem
Messer fein hacken.

Den Schmelzkäse in eine kleine Schüssel geben und mit einem Löffel glatt und cremig
rühren.

Zum Fertigstellen die Zutaten nach Lust und Laune in die Gläser schichten.

TIPP *Dieses Rezept ist sehr einfach zuzubereiten; den gekochten Schinken können Sie
auch durch Garnelen oder Räucherlachs ersetzen.*

Makkaroni mit Rapunzel, Roquefort und Birnen

Vorbereitungszeit: 20 Minuten
Für 4–6 Gläser

100 g Makkaroni
3 pochierte Birnen
80 g Roquefort
1 gute Handvoll Rapunzelsalat (Feldsalat)
100 ml Olivenöl
50 ml Balsamico
Salz
Frisch gemahlener Pfeffer

Die Makkaroni al dente kochen und mit kaltem Wasser abschrecken.

Währenddessen die Birnen und den Roquefort in kleine Würfel schneiden (dabei das obere Ende der Birnen mit dem Stiel aufbewahren, um später die Glasspeisen damit zu garnieren).

Vom Rapunzelsalat die Blätter abzupfen und vorsichtig mit den Makkaroni und den anderen Zutaten in einer Schüssel vermischen.

Für die Vinaigrette das Olivenöl, den Balsamico, das Salz und den Pfeffer verrühren.

Zum Fertigstellen den Makkaronisalat in die Gläser füllen, mit dem aufbewahrten Birnenende und einigen Feldsalatröschen dekorieren. Direkt vor dem Servieren mit der Vinaigrette beträufeln.

Duo von Gorgonzola und Schinkenspeck

Vorbereitungszeit: 15 Minuten
Für 6–8 Gläser

200 g Gorgonzola
100 ml süße Sahne
3 Prisen frisch gemahlener Pfeffer
6–8 Scheiben Schinkenspeck
Einige frische Kräuterblättchen

Für die Gorgonzolacreme den Käse mit der süßen Sahne und dem Pfeffer in eine Schüssel geben und mithilfe einer Gabel vermischen. Mit einem Spritzbeutel oder einem Löffel die Masse so in die Gläser füllen, dass der Boden bedeckt ist.

Den Schinkenspeck in schmale Streifen und /oder mithilfe eines Ausstechers in kleine Kreise vom Durchmesser der vorgesehenen Gläser schneiden.

Zum Fertigstellen die Käsecreme und den Schinkenspeck ganz nach Belieben abwechselnd in die Gläser schichten. Zum Abschluss mit in Streifen, Kreise oder kleine Würfel geschnittenem rohem oder gebratenem Schinkenspeck und einem Kräuterzweig garnieren.

TIPP *Zu dieser Glasspeise Grissini oder ein anderes salziges Gebäck reichen.*

Käse zum Dippen

Vorbereitungszeit + Garzeit: 17 Minuten
Für 6–8 Gläser

100 g Comté
100 g Gruyère
100 g Cheddar
450 ml süße Sahne
3 kräftige Prisen frisch gemahlener Pfeffer
Eine Auswahl an salzigem Gebäck
(Grissini, Käsestangen oder Blätterteigstangen)

Vom Käse die Rinde entfernen und jede Sorte getrennt reiben oder in kleine Würfel oder Scheibchen schneiden.

Die süße Sahne auf drei kleine Töpfe verteilen und bei mittlerer Temperatur erhitzen. Sobald sie heiß ist (nicht kochen lassen), jede Käsesorte in einen separaten Topf geben und mit Pfeffer würzen. Bei niedriger Temperatur 2–3 Minuten rühren, bis der Käse gerade geschmolzen ist. Vom Herd nehmen und abkühlen lassen. Sollte Ihnen die Käsemasse zu dickflüssig erscheinen, rühren Sie einfach etwas heißes Wasser unter.

Den Käse zum Dippen sofort in Gläser füllen und mit einer Auswahl an salzigem Gebäck servieren.

Lamm mit Meerrettichcreme und Minze

Vorbereitungszeit: 10 Minuten
Kühlzeit: 15 Minuten
Für 6–8 Gläser

300–400 g gegartes Lammfleisch aus der Keule („Resteverwertung")
150 g Quark
1 knapper TL geriebener Meerrettich
1 Bund Minze
3 Prisen Salz
2 Prisen Pfeffer

Die Minze in feine Streifen schneiden, dabei einige Blättchen für die Dekoration zurückbehalten. Die Minze zusammen mit dem Meerrettich, dem Quark, dem Salz und dem Pfeffer in eine kleine Schüssel geben und vermischen. Bis zur weiteren Verwendung kühl stellen.

Das Lammfleisch in kleine Würfel schneiden und die vorgesehenen Gläser damit zu zwei Dritteln füllen.

Unmittelbar vor dem Servieren das Lammfleisch mit der gut gekühlten Meerrettichcreme überziehen und mit den Minzeblättchen garnieren – voilà!

Brandade vom geräucherten Schellfisch mit roter Paprika-Coulis

Vorbereitungszeit + Garzeit: 1 Stunde 25 Minuten
Für 6–8 Gläser (Einmachgläser mit Bügelverschluss, 125 g Inhalt)

Brandade
300 g geräucherter Schellfisch
750 ml Milch
3 Kartoffeln
1 Zweig Thymian
½ Zweig Rosmarin
3 Knoblauchzehen
200 ml Olivenöl

Rote Paprika-Coulis
2 rote Paprika
2 EL Olivenöl
Salz, Pfeffer

Für das Kartoffelpüree die Kartoffeln schälen, unzerkleinert in einen Topf geben und in Salzwasser in 20–25 Minuten gar kochen. Den Thymian, den Rosmarin, die ganzen Knoblauchzehen und das Olivenöl in einen kleinen Topf geben, alles bei niedriger Temperatur etwa eine Viertelstunde erhitzen, damit der Knoblauch weich wird und das Olivenöl das Aroma der Kräuter annimmt.

Währenddessen den geräucherten Schellfisch in eine ofenfeste Form legen und mit der Milch übergießen. Bei mittlerer Temperatur 15–20 Minuten im Ofen garen, dann in der Form abkühlen lassen.

Für die Brandade die Kartoffeln in eine Schüssel geben und mit einer Gabel zerdrücken, den Schellfisch in kleine Stücke zupfen (die Milch aufbewahren) und das aromatisierte Olivenöl durch ein feines Sieb abgießen, dabei die Knoblauchzehen kräftig ausdrücken. Mit einem Holzspatel alles vermischen, dabei nach und nach die Milch angießen, in der der Schellfisch gegart wurde, bis eine cremige Konsistenz erreicht ist.

Für die rote Paprika-Coulis von den Paprikaschoten die Samen und Scheidewände entfernen. Anschließend die Paprika in große Stücke schneiden und in 2 Esslöffeln Olivenöl anbraten. Die Paprikastücke knapp mit Wasser bedecken und sanft weich garen, mit Salz und Pfeffer würzen. Alles im Mixer pürieren, falls nötig, noch etwas Wasser angießen, um die Konsistenz einer Coulis zu erhalten. Beiseitestellen.

Zum Fertigstellen die Einmachgläser mit Brandade füllen, vor dem Servieren in eine zur Hälfte mit Wasser gefüllte Auflaufform (Wasserbad) stellen und bei mittlerer Temperatur im Ofen erwärmen. Die Coulis in einem kleinen Topf oder in der Mikrowelle erhitzen und unmittelbar vor dem Servieren die Brandade damit beträufeln oder die Coulis separat in einer Sauciere servieren.

Feines Rindfleischsülzchen

Vorbereitungszeit + Garzeit: 5 Stunden 50 Minuten
Für 10–15 Gläser

2 kg Rindfleisch aus der Wade oder der Schulter
½ Kalbsfuß
500 g Ochsenschwanz
1 Stange Lauch
1 Stange Sellerie
2 Möhren
2 Zwiebeln
2 Gewürznelken
1 schönes Bouquet garni (Thymian, Lorbeer,
Petersilienstängel, Lauchgrün)
1 Knolle Knoblauch
10 g grobkörniges Salz
10 g schwarze Pfefferkörner

Das Fleisch und den Ochsenschwanz in einen Schmortopf geben, mit kaltem Wasser bedecken und kräftig aufkochen lassen. Anschließend das Fleisch herausnehmen, abspülen und in einen sauberen Schmortopf geben.

Den Lauch, den Sellerie und die Möhren waschen, in große Würfel schneiden (den grünen Teil für das Bouquet garni aufbewahren) und zum Fleisch in den Schmortopf geben. Die Zwiebeln schälen, mit den Gewürznelken spicken und zusammen mit dem Bouquet garni, den Knoblauchzehen, dem Salz und dem Pfeffer ebenfalls hinzufügen. Alles mit Wasser bedecken und etwa 5 Stunden leise köcheln lassen.

Danach das Fleisch aus der Bouillon nehmen, den Kalbsfuß wegwerfen. Das Gemüse ebenfalls herausnehmen und beiseitestellen, die Bouillon bei mittlerer Temperatur auf drei Viertel der Menge einkochen lassen, durch ein feinmaschiges Sieb abgießen und abkühlen lassen.

Zum Fertigstellen das Fleisch und das Gemüse nach dem vollständigen Abkühlen in kleine Würfel schneiden und in die vorgesehenen Gläser füllen. Mit der abgekühlten Bouillon übergießen und für mindestens 12 Stunden kühl stellen.

TIPP *Dieses Rezept eignet sich auch hervorragend zur Resteverwertung, wenn vom Vortag noch Suppenfleisch übrig ist. Dann sind die Sülzchen im Nu zubereitet und schmecken sogar noch besser. Sie halten sich im Kühlschrank 2–3 Tage. Servieren Sie sie gut gekühlt mit etwas zur Nocke geformtem körnigem Senf.*

Kleine Gemüseflans

Vorbereitungszeit + Garzeit: 55 Minuten
Für 15 – 18 kleine Gläser

Spinat-Muskatnuss
200 g tiefgekühlter gehackter Spinat
1 knapper TL Muskatnuss

Möhre-Kreuzkümmel
1 Möhre
1 TL Kreuzkümmelsamen

Zucchini-Minze
1 Zucchini
½ Bund Minze

Flan
4 Eier
200 ml süße Sahne
100 ml Milch
1 knapper TL Salz
3 Prisen Pfeffer

Am Vortag den Spinat zum schonenden Auftauen in den Kühlschrank legen. Am Tag der Zubereitung die Möhre schälen, waschen, in große Stücke schneiden, in Salzwasser garen, anschließend mit kaltem Wasser abschrecken und beiseitestellen. Die Zucchini waschen, in kleine Würfel schneiden und ein Drittel der vorgesehenen Gläser damit füllen. Die frische Minze in feine Streifen schneiden und zu den Zucchiniwürfeln geben. Den aufgetauten Spinat gründlich mit der Hand ausdrücken, um möglichst viel Flüssigkeit herauszupressen, falls nötig, zerkleinern und gleichmäßig auf das zweite Drittel der vorgesehenen Gläser verteilen, die geriebene Muskatnuss zugeben. Den Backofen auf 180 °C vorheizen.

In einer großen Schüssel oder im Mixer die Eier kräftig aufschlagen Die süße Sahne, die Milch, das Salz und den Pfeffer hinzufügen und gründlich mischen, bis die Masse cremig ist. Auf die bereits mit Gemüse gefüllten Gläschen verteilen; den Rest mit den Möhrenstücken mixen oder pürieren, dann die restlichen Gläser damit füllen.

Alle Gläschen in eine Auflaufform stellen, die Form zu zwei Dritteln mit heißem Wasser füllen. Die mit Möhren gefüllten Gläschen mit einigen Kreuzkümmelsamen bestreuen. Die Auflaufform in den Backofen schieben, die Temperatur auf 160 °C senken und die Flans etwa 15 Minuten garen. Um den Gargrad zu überprüfen, ein Messer in den Inhalt verschiedener Gläser stecken: Ist die Klinge nach dem Herausziehen sauber, ist der Gemüseflan gar.

Kartoffelterrinen mit Münsterkäse

Vorbereitungszeit + Garzeit: 55 Minuten
Für 6–8 Gläser (Einmachgläser mit Bügelverschluss, 125 g Inhalt)

500 ml süße Sahne
1 kleiner Münsterkäse
1 Knoblauchzehe
3–4 Kartoffeln
Salz, Pfeffer
½ TL Muskatnuss oder Quatre-épices (gemahlene Gewürzmischung
aus Zimt, Nelke, Muskat und Pfeffer) (nach Belieben)

Die süße Sahne zusammen mit der gehackten Knoblauchzehe und den Gewürzen in eine Schüssel geben, mit Salz und Pfeffer würzen und gründlich vermischen. Den Münsterkäse in dünne Scheiben schneiden.

Die Kartoffeln schälen, waschen und in Scheiben schneiden. Den Backofen auf 220 °C vorheizen.

Die Kartoffelscheiben abwechselnd mit dem Käse und der gewürzten Sahne in die Bügelgläser füllen, die letzte Schicht soll aus Münster bestehen.

Die Gläser in einer ofenfesten Form im Wasserbad in den Backofen stellen und etwa 40 Minuten backen. Dabei aufpassen, dass die Oberfläche nicht zu dunkel wird, gegebenenfalls die Temperatur senken.

TIPP *Sie können die Terrinen auch im Voraus zubereiten. Vor dem Servieren dann im Wasserbad nur noch erhitzen.*

Sandwich im Glas

Vorbereitungszeit + Garzeit: 35 Minuten
Für 6–8 Gläser (Einmachgläser mit Bügelverschluss, 125 g Inhalt)

12–16 Scheiben weißes Toastbrot ohne Rinde
4–6 Scheiben gekochter Schinken
40 g Mehl
40 g Butter
350 ml Milch
Muskatnuss
Salz
Pfeffer
80 g Gruyère, gerieben

Für die Béchamelsauce aus dem Mehl und der geschmolzenen Butter eine helle Einbrenne herstellen und 2 Minuten bei niedriger Temperatur köcheln lassen. Die kalte Milch angießen und zum Kochen bringen, dabei rühren, damit sich keine Klümpchen bilden. Nach Belieben würzen, eine Prise geriebene Muskatnuss hinzufügen und beiseitestellen. Den Backofen auf 160 °C vorheizen.

Mithilfe eines Ausstechers von der Größe der vorgesehenen Gläser zwei Kreise pro Glas aus dem Toastbrot und zwei Kreise pro Glas aus dem gekochten Schinken ausstechen. Das Toastbrot im Backofen leicht anrösten oder vortoasten. Je einen Toastkreis in die Gläser legen, darauf je einen Schinkenkreis, dann je einen Esslöffel Béchamelsauce, wieder je einen Schinkenkreis, Béchamelsauce, den Abschluss bildet je ein Toastkreis. Alles leicht zusammendrücken, mit dem geriebenen Gruyère bestreuen und einige Minuten im Backofen gratinieren.

Voilà: ein Sandwich zum Löffeln!

Tempuragemüse in der Tüte

Vorbereitungszeit + Garzeit: 35 Minuten
Für 10–15 Gläser

Tempurateig
125 g Mehl
125 g Kartoffelstärke
1 Eiweiß
1 Ei
100 ml kaltes Wasser
Salz, Pfeffer
Cayennepfeffer (nach Belieben)

Gemüse
1 Aubergine
2 Zucchini
2 Möhren
1 rote Paprika
2 l Frittieröl

Zum Servieren
Butterbrotpapier
Dipsauce nach Geschmack

Für den Tempurateig das Mehl mit der Kartoffelstärke, dem Salz, dem Pfeffer und (nach Belieben) dem Cayennepfeffer in eine Schüssel geben. Vorsichtig mit dem Ei und dem Eiweiß vermischen, dann nach und nach das kalte Wasser unter Rühren zugießen, sodass sich keine Klümpchen bilden (das Ergebnis sollte eine Art relativ dickflüssiger Crêpesteig sein). Kühl stellen.

Das Gemüse in Stifte schneiden (wie Pommes frites), das Frittieröl auf 170 °C erhitzen.

Das Gemüse in kleinen Portionen mit dem Tempurateig vermischen (gerade so viel, dass das Gemüse ringsum mit Teig bedeckt ist) und portionsweise im heißen Öl ausbacken, bis es leicht gebräunt ist. Einen Teller mit saugfähigem Küchenpapier auslegen, das Tempuragemüse daraufgeben und mit Salz und Pfeffer würzen.

Zum Servieren aus Butterbrotpapier Tüten in der Größe der vorgesehenen Gläser herstellen. Die Papiertüten in die Gläser stellen und mit dem Tempuragemüse füllen. Dazu eine pikante Dipsauce reichen.

Farfalle mit feinem Gemüse

Vorbereitungszeit + Garzeit: 25 Minuten
Kühlzeit: 30 Minuten
Für 8–12 Gläser

250 g Farfalle (Schmetterlingsnudeln)
100 ml Olivenöl
3 Stängel Basilikum
1 Knoblauchzehe
1 EL Pinienkerne
1 Zucchini
1 kleine Aubergine
Salz und frisch gemahlener Pfeffer
250 g Kirschtomaten
1 Zitrone
Grobkörniges Salz

In einem Topf Wasser mit etwas grobkörnigem Salz und einem Schuss Olivenöl zum Kochen bringen. Die Farfalle darin al dente kochen, dann in ein Sieb abgießen und unter fließendem kaltem Wasser abschrecken.

Während die Nudeln kochen, das Pesto herstellen. Dazu die Basilikumblätter von den Stängeln zupfen (einige Blätter für die Dekoration aufbewahren) und mit dem abgezogenen Knoblauch, den Pinienkernen und etwas Olivenöl zerstoßen. Kühl stellen.

Die Zucchini in Scheiben, die Aubergine in kleine Würfel schneiden und in etwas Olivenöl in einer kräftig erhitzten Pfanne 1–2 Minuten anbraten, dann mit Salz und Pfeffer würzen.

Das Gemüse in eine Schüssel geben, die Farfalle, das Pesto, die halbierten Kirschtomaten und den Saft der Zitrone hinzufügen. Alles gründlich vermischen, Olivenöl zugeben, überprüfen, ob nachgewürzt werden muss, und in den Kühlschrank stellen.

Wenn der Nudelsalat gut durchgekühlt ist, in die vorgesehenen Gläser füllen und garnieren.

Crumble „Nizza-Art" mit Ziegenkäse

Vorbereitungszeit + Garzeit: 35 Minuten
Kühlzeit: 15 Minuten
Für 4–6 Gläser

Ratatouille
1 Aubergine
2 Zucchini
1 rote Paprika
1 Zwiebel, klein gehackt
2 Knoblauchzehen, klein gehackt
Je 1 Zweig Thymian und Rosmarin
3 Tomaten, enthäutet und entkernt
1 Glas Olivenöl

Käsecreme
120 g Ziegenfrischkäse
100 ml süße Sahne
2 EL Olivenöl
2 kräftige Prisen Salz, 2 Prisen Pfeffer

Crumbleteig
100 g Butter
200 g Mehl
1 Eigelb
2 Prisen Salz

Zuerst den Teig für den Crumble herstellen. Dazu alle Zutaten mit den Fingerspitzen vermischen. Den Teig ohne viel Kneten zu Streuseln verarbeiten und 15 Minuten kühl stellen. Anschließend die Teigstreusel gleichmäßig auf einer ofenfesten Platte oder in einer Tarteform verteilen und im vorgeheizten Ofen hellbraun backen.

Währenddessen die Aubergine, die Zucchini und die Paprika in kleine Würfel schneiden. Etwas Olivenöl in einer Pfanne erhitzen und darin die verschiedenen Gemüsesorten nacheinander kräftig anbraten, danach in ein Sieb geben und beiseitestellen. In derselben Pfanne die Zwiebel und den Knoblauch mit dem Thymian- und dem Rosmarinzweig bei niedriger Temperatur anschwitzen. Die Tomaten in kleine Würfel schneiden. Das abgetropfte Gemüse zurück in die Pfanne geben, die Tomatenwürfel hinzufügen, würzen und weitere 1–2 Minuten bei niedriger Temperatur anschwitzen. Abkühlen lassen.

In der Zwischenzeit den Backofen auf 180 °C vorheizen und die Ziegenkäsecreme zubereiten. Dazu die süße Sahne leicht erwärmen, den Käse in eine Schüssel geben und zerdrücken, dann die erwärmte Sahne nach und nach zugießen und mit einem Teigspatel aus Holz vermischen. Das Olivenöl unterrühren, mit Salz und Pfeffer würzen.

Zum Fertigstellen die Kräuterzweige aus dem Ratatouille nehmen, dann das Ratatouille auf die Gläser verteilen. Die Ziegenkäsecreme mithilfe eines Spritzbeutels oder eines Mokkalöffels auf das Ratatouille geben und zum Abschluss mit den Crumblestreuseln bestreuen.

Frischkäse mit falschem Kaviar

Das kräftige Rot des Seehasenrogens bildet einen schönen Kontrast zu dem weißen Käse. Noch hübscher wird die Glasspeise, wenn zusätzlich schwarzer Rogen verwendet wird.

Salatgurke mit Frischkäse und Minze

Klein gewürfelte Salatgurke und in feine Streifen geschnittene Minze mit cremigem Frischkäse oder Sahnejoghurt: eine Glasspeise à la Zaziki!

Rindfleischwürfel à la Tatar

Klassisch, doch immer wieder köstlich wird das Rindfleischtatar zur Abwechslung in einem Glas angerichtet. Entweder solo oder in Begleitung von Kapern, Senf und anderen würzigen Zutaten – je nach den persönlichen Präferenzen der Fleischliebhaber, die gerade um den Esstisch versammelt sind.

Schinken mit Gouda „Pariser Art"

Schinkenstreifen vermischt mit Goudawürfeln, Crème fraîche und Schnittlauch runden die Kombination ab. Ein hübsches Glas ersetzt bei diesem zeitlosen Klassiker das traditionelle Baguette.

Boursin mit Tomate und Tapenade

Eine Nocke Boursin, klein gewürfeltes Tomatenfruchtfleisch – und als Grundlage eine Schicht Oliven-Tapenade aus grünen oder schwarzen Oliven für die willkommene Abwechslung in Farbe und Geschmack.

Tomate mit Avocado und Orange

Unter dem Motto „leichte Köstlichkeiten für das sommerliche Buffet" vereinen sich in dieser Glasspeise kleine Würfelchen von Tomate, Avocado und Orange zu einer fruchtig-frischen Angelegenheit. Mit einem Schuss Zitronensaft und einigen Tropfen Olivenöl beträufeln – fertig!

Fremde Genüsse im Glas

Maki im Glas

Vorbereitungszeit + Garzeit: 40 Minuten
Kühlzeit: 1 Stunde
Für 6–8 Gläser

Reis
2 Gläser Rundkornreis
200 ml Reisessig
1 knapper EL Zucker
1 knapper TL Salz

Fisch
120 g frischer roter Thunfisch
120 g frischer Lachs
6 Nori-Blätter

Zum Servieren
Sojasauce, Wasabi und süßsauer eingelegter
Ingwer (fertig im Supermarkt oder Asialaden
erhältlich) nach Belieben

Den Reis mit 2½ Glas Wasser kochen, bis er die gesamte Flüssigkeit aufgenommen hat. Währenddessen den Essig mit dem Zucker und dem Salz in eine Pfanne geben, verrühren und sanft erhitzen, damit sich der Zucker auflöst. Wenn der Reis gar ist, die Essiglösung zugeben, vorsichtig untermischen und abkühlen lassen.

Den Thunfisch und den Lachs in schmale Streifen schneiden und kühl stellen.

Zum Herstellen der Maki ein Stück Alufolie auf der Arbeitsfläche ausbreiten und darauf ein Nori-Blatt legen (mit der glatten Seite nach unten). Das Nori-Blatt mithilfe eines in lauwarmes Wasser getauchten Backpinsels anfeuchten. Auf dem Nori-Blatt etwas Reis verteilen, dabei ausreichend Platz an den Seiten lassen, besonders an der oberen Seite (etwa 2 Zentimeter an der oberen Seite und 1 Zentimeter an den anderen Seiten). Nun in der Mitte die Lachsstreifen oder die Thunfischstreifen der Länge nach anordnen. Das Algenblatt mithilfe der Aluminiumfolie zusammenrollen, dabei den Inhalt fest zusammendrücken. Nach derselben Methode die anderen Maki zubereiten und in den Kühlschrank legen.

Unmittelbar vor dem Servieren die Maki-Rollen aus der Aluminiumfolie wickeln und die Rollen mit einem in heißes Wasser getauchten Messer in Stücke schneiden. Die Maki – Lachs und Thunfisch abwechselnd – in die vorgesehenen Gläser schichten und mit Sojasauce, Wasabi und eingelegtem Ingwer servieren.

Auberginenkaviar mit Ricotta und Coppa

Vorbereitungszeit + Garzeit: 45 Minuten
Kühlzeit: 45 Minuten
Für 4–6 Gläser

2 Auberginen
2 Zwiebeln
5 Knoblauchzehen
1 Zweig Thymian
1 TL Tomatenmark
1 kleines Glas Olivenöl
50–80 g Ricotta
5–6 Scheiben Coppa
Salz
Pfeffer

Die Auberginen der Länge nach halbieren, das Fruchtfleisch mit einem Messer rautenförmig einschneiden und die Auberginenhälften in eine ofenfeste Form legen. Die Zwiebeln und den Knoblauch abziehen, in grobe Würfel schneiden, über die Auberginen geben und mit Olivenöl beträufeln. Mit Salz und Pfeffer würzen, die abgezupften Thymianblättchen hinzufügen und für 25 Minuten in den vorgeheizten Backofen (200 °C) schieben.

Nach dem Abkühlen das Fruchtfleisch der Auberginen mithilfe eines Esslöffels aus den Schalen lösen. Zusammen mit den Zwiebeln, dem Knoblauch, dem Tomatenmark und etwas Olivenöl im Mixer oder Multizerkleinerer pürieren. Kühl stellen.

Zum Fertigstellen den Auberginenkaviar mithilfe eines Kaffeelöffels oder eines Spritzbeutels in die Gläser füllen und darauf den Ricotta geben. Die Coppascheiben entweder zur Rose geformt oder in feine Streifen geschnitten auf den Ricotta setzen.

Italienisches im Glas

Vorbereitungszeit: 25 Minuten
Für 4–6 Gläser

4 Strauchtomaten
60 g getrocknete Tomaten
1–2 Kugeln Büffelmilchmozzarella („Mozzarella di bufala")
60 g Tapenade aus schwarzen Oliven
50 g Pesto

Die Tomaten vierteln, die Kerne entfernen und das Fruchtfleisch in kleine Würfel schneiden. Die getrockneten Tomaten im Mixer oder Multizerkleinerer pürieren und mit den frischen Tomatenwürfeln vermischen.

Den Büffelmilchmozzarella in dünne Scheiben schneiden und mit einem Ausstecher oder einem umgedrehten Glas Kreise von der Größe der vorgesehenen Gläser ausstechen.

Zum Fertigstellen nacheinander die verschiedenen Lagen in die Gläser einschichten: die Tapenade, die Tomatenmischung, die Mozzarellascheiben und das Pesto. Dazu Grissini servieren – fertig!

Ziegenkäse mit getrockneten Früchten und Tomaten

Vorbereitungszeit: 25 Minuten
Für 4 – 6 Gläser

120 g getrocknete Tomaten in Öl
50 g getrocknete Aprikosen
50 g Trockenpflaumen
50 g getrocknete Feigen
250 g Ziegenfrischkäse
150 ml süße Sahne
50 ml Olivenöl
2 Prisen Salz
1 Prise Pfeffer

Die in Öl eingelegten getrockneten Tomaten abgießen und im Mixer oder Multi-zerkleinerer zu feinem Mus pürieren.

Die Trockenfrüchte in kleine Würfel schneiden und miteinander vermischen.

Den Ziegenfrischkäse in eine Schüssel geben und zerdrücken. Die süße Sahne er-wärmen, dann zusammen mit dem Olivenöl mithilfe einer Gabel unter den Käse mischen, sodass eine cremige Masse entsteht. Mit Salz und Pfeffer abschmecken.

Zum Fertigstellen die verschiedenen Schichten nacheinander mit einem Teelöffel in die Gläser füllen: zuerst eine Schicht Käsecreme, darauf das Tomatenpüree, wieder eine Schicht Käsecreme, schließlich die gewürfelten Trockenfrüchte und zum Abschluss noch einmal eine Schicht Käsecreme.

Zucchinikaviar mit Parmesancreme

Vorbereitungszeit + Garzeit: 30 Minuten
Kühlzeit: 25 Minuten
Für 4–6 Gläser

Zucchinikaviar
2 Zucchini
Je 2 Prisen Salz und Pfeffer
½ TL Zucker
2 Prisen Kreuzkümmel
1 Zweig Rosmarin
½ Zwiebel, fein gehackt
1 Knoblauchzehe
1 EL Olivenöl

Parmesancreme
200 ml süße Sahne
100 g Parmesan
Frisch gemahlener schwarzer Pfeffer

Zuerst den Zucchinikaviar zubereiten. Dazu die Zucchini in Scheiben schneiden
und über Dampf oder in kochendem Salzwasser 2 Minuten blanchieren, dann mit kaltem Wasser abschrecken. Danach mit einer Gabel zerdrücken und unter Rühren das
Salz und den Pfeffer, den Zucker, den Kreuzkümmel, die Zwiebel, den durchgepressten
Knoblauch und das Olivenöl hinzufügen. In einen Topf geben, den Rosmarinzweig
hinzufügen und bei niedriger Temperatur 2–3 Minuten erwärmen, um den Garvorgang
abzuschließen und damit sich die Aromen besser verbinden. Gründlich umrühren,
sodass eine möglichst homogene Masse entsteht, dann den Rosmarinzweig entfernen
und den Zucchinikaviar an einem kühlen Ort abkühlen lassen.

Für die Parmesancreme den Parmesan in kleine Würfel schneiden und mit der süßen
Sahne in einen kleinen Topf geben. Unter ständigem Rühren vorsichtig erhitzen, damit
sich der Käse auflöst und die Sahne einkocht, ohne anzuhängen. Vom Herd nehmen
und abkühlen lassen.

Zum Fertigstellen die vorgesehenen Gläser zu zwei Dritteln mit dem Zucchinikaviar
füllen. Unmittelbar vor dem Servieren die Parmesancreme ganz leicht erwärmen und
vorsichtig auf den Zucchinikaviar gießen. Mit einer Parmesanlocke garnieren und
mit etwas Pfeffer übermahlen.

Penne mit Thunfisch auf sizilianische Art

Vorbereitungszeit + Garzeit: 20 Minuten
Kühlzeit: 25 Minuten
Für 8–12 Gläser

250 g Penne
80 g schwarze Oliven ohne Stein
80 g getrocknete Tomaten
150 g Thunfisch natur (Konserve)
Olivenöl
Balsamico
Grobkörniges Salz, Pfeffer

Wasser mit grobkörnigem Salz und einem Schuss Olivenöl in einen Topf geben und zum Kochen bringen. Wenn das Wasser kocht, die Penne darin al dente garen, dann abgießen und mit kaltem Wasser abschrecken.

Die Oliven und die getrockneten Tomaten in kleine Stücke schneiden. Den Thunfisch ausdrücken und zerpflücken. Zusammen mit den Nudeln in eine Schüssel geben, vermischen, großzügig mit Olivenöl und Balsamico beträufeln und mit Salz und Pfeffer abschmecken. In den Kühlschrank stellen.

Zum Fertigstellen den Nudelsalat auf die vorgesehenen Gläser verteilen. Gut gekühlt servieren, zusätzlich Olivenöl und Balsamico reichen, damit sich jeder nach Belieben bedienen kann.

Blutwurst mit Spekulatius und Gewürzbanane

Vorbereitungszeit + Garzeit: 20 Minuten
Für 4–6 Gläser

300 g Blutwurst (boudin noir)
1 Paket (etwa 200 g) Spekulatius
2 ungespritzte Bananen
30 g leicht gesalzene Butter (demi-sel)
1 TL feiner Rohrzucker (Sucanat)
2 Prisen Currypulver
2 Prisen gemahlener Ingwer
2 Prisen Ras el-Hanout

Von der Blutwurst die Haut abziehen, die Wurst mithilfe einer Gabel zerkleinern und bei niedriger Temperatur 2–3 Minuten unter ständigem Rühren anbraten. Die Blutwurst mit einem Löffel auf die vorgesehenen Gläser verteilen.

Die Spekulatius in eine Gefriertüte aus Plastik geben und mit dem Nudelholz fein zer-kleinern oder mithilfe eines Multizerkleinerers zu feinen Krümeln verarbeiten.

Die Bananen waschen und ungeschält in dicke Scheiben schneiden. Die Butter in eine Pfanne geben und zerlassen. Dann die gemahlenen Gewürze und den Rohrzucker zugeben und die Bananenscheiben darin von jeder Seite 1 Minute anbraten.

Falls nötig, die bereits mit Blutwurst gefüllten Gläser in der Mikrowelle erwärmen. Mit den Spekulatiuskrümeln bestreuen und zum Abschluss mit den Gewürzbananen-scheiben garnieren. Sofort servieren.

Quinoasalat mit Rucola-Pesto und Lachskaviar

Vorbereitungszeit + Garzeit: 30 Minuten
Kühlzeit: 20 Minuten
Für 4–6 Gläser

100 g Quinoa
100 ml Zitronensaft
50 ml Olivenöl
Je 2 Prisen Salz und Pfeffer
150 ml Wasser
50–70 g Lachskaviar
1 kleiner Becher Crème fraîche

Rucola-Pesto
120 g Rucola
1 Bund Basilikum
4 Knoblauchzehen
30 g Parmesan, fein gerieben
30 g Pinienkerne
1 kleines Glas Olivenöl

Die Quinoa mit 150 Milliliter kaltem Wasser, dem Salz und dem Pfeffer in einen Topf geben und bei hoher Temperatur zum Kochen bringen, dann sofort auf niedrige Temperatur schalten. Umrühren, den Deckel auflegen und sanft köcheln lassen, bis das Wasser vollständig von den Quinoakörnern aufgenommen ist, dann den Zitronensaft und das Olivenöl unterrühren. Vom Herd nehmen und unter gelegentlichem Umrühren abkühlen lassen.

Für das Rucola-Pesto den Rucola, die abgezupften Basilikumblätter, den abgezogenen Knoblauch (den Keim im Inneren vorher entfernen), den Parmesan und die Pinienkerne in das Gefäß des Multizerkleinerers geben und das Olivenöl bei laufendem Gerät in langsamem Strahl zugießen. In einen Plastikbehälter umfüllen und kühl stellen.

Zum Fertigstellen die vorgesehenen Gläser in unterschiedlicher Reihenfolge mit Quinoa, Rucola-Pesto und Lachskaviar füllen. Unmittelbar vor dem Servieren mit einem Klecks Crème fraîche garnieren.

Bulgur mit Entenbrust auf orientalische Art

Vorbereitungszeit + Garzeit: 45 Minuten
Kühlzeit: 1 Stunde
Für 6–8 Gläser

125 g Bulgur (geschroteter Hartweizen)
1 Entenbrustfilet
½ Zwiebel
25 g getrocknete Aprikosen
25 g Trockenpflaumen
20 g Pinienkerne
20 g Rosinen
1 TL Ras el-Hanout
2 Prisen Kreuzkümmel
5 Prisen Salz
100 ml Olivenöl

Die halbe Zwiebel in feine Würfel schneiden und bei mittlerer Temperatur mit 3 Esslöffeln Olivenöl in einem Topf anschwitzen. Den Bulgur hinzufügen, 1 Minute lang umrühren, dann mit 200 Milliliter Wasser übergießen. Die Gewürze (4 Prisen davon für die Ente zurückbehalten) und 3 Prisen Salz hinzufügen und bei mittlerer Temperatur unter regelmäßigem Rühren garen. In der Zwischenzeit die getrockneten Aprikosen und die Trockenpflaumen in kleine Würfel schneiden und zusammen mit den Pinienkernen und den Rosinen nach der Hälfte der Garzeit zum Bulgur geben. Sobald der Bulgur sein Volumen verdoppelt und das Wasser vollständig aufgenommen hat, den Topf vom Herd nehmen und mit dem restlichen Olivenöl beträufeln. Gründlich mischen, im Topf abkühlen lassen und, falls nötig, nachwürzen.

Die Haut der Entenbrust mit einem Messer rautenförmig einschneiden, dann die Entenbrust mit der Fettseite nach unten in eine antihaftbeschichtete Pfanne legen. Das Entenfett bei möglichst niedriger Temperatur 7–8 Minuten auslassen, die Entenbrust wenden und von der anderen Seite 2–3 Minuten anbraten, um ein Filet mit rosa Kern zu erhalten. Das Entenbrustfilet auf ein saugfähiges Küchenpapier legen, mit den übrigen Gewürzen und 2 Prisen Salz bestreuen und diese mit den Fingerspitzen gleichmäßig einreiben. Bei Raumtemperatur abkühlen lassen.

Zum Fertigstellen den Bulgur in die vorgesehenen Gläser füllen. Nun muss nur noch das Entenbrustfilet dünn aufgeschnitten und dekorativ auf dem Bulgur angerichtet werden.

VARIATION *Je nach Jahreszeit und persönlicher Vorliebe können Sie auch den Saft einer Zitrone unter den abgekühlten Bulgur mischen, was ihm eine feine Frische und eine tabouléähnliche Note verleiht.*

Kirsch-Chutney mit Manchego

Vorbereitungszeit + Garzeit: 25 Minuten
Kühlzeit: 30 Minuten
Für 6 – 8 Gläser

300 g Kirschen, entsteint
60 g Kristallzucker
2 Umdrehungen schwarzer Pfeffer aus der Mühle
½ TL gemahlener Ingwer
2 Prisen Zimt
3 EL Weißweinessig
100–120 g Manchego (halbfester Schnittkäse aus Schafmilch)

Die Kirschen mit dem Zucker in eine antihaftbeschichtete Kasserolle geben und bei mittlerer Temperatur unter Rühren andünsten. Den Pfeffer, den gemahlenen Ingwer und den Zimt hinzufügen und 2–3 Minuten einköcheln lassen. Danach den Essig zugeben und unter vorsichtigem Rühren einige Minuten weiterköcheln, bis das Chutney eine konfitürenähnliche Konsistenz angenommen hat. Das Chutney in eine Schüssel füllen und abkühlen lassen.

Zum Fertigstellen je eine kleine Menge Chutney in die vorgesehenen Gläser füllen und mit in Würfel geschnittenem oder in Späne gehobeltem Käse garnieren.

TIPP *Diese gelungene Kombination aus süßsauer und salzig passt wunderbar zum Aperitif und ist gleichzeitig eine raffinierte Art, Käse zu servieren. Hier wird Manchego verwendet, doch Ziegenfrischkäse oder Blauschimmelkäse wäre ebenfalls ganz köstlich zu einem Chutney aus Kirschen oder anderen Früchten der Saison.*

Wassermelonen-Gazpacho

Vorbereitungszeit: 15 Minuten
Kühlzeit: 1 Stunde
Für 6–8 Gläser

¼ **Wassermelone**
2 Tomaten
½ **rote Paprika**
½ **Zwiebel**
1 kleines Glas Tomatensaft
2 EL Olivenöl
Einige Tropfen Grenadine (Granatapfelsirup)
Je 1 Prise Salz und Pfeffer

Von der Wassermelone die Schale und die Kerne entfernen, die Tomaten und die Paprika waschen, bei den Tomaten die Kerne und bei den Paprika die Samen und Scheidewände entfernen, dann das Fruchtfleisch von Wassermelone, Tomaten und Paprika in Würfel schneiden.

Die Würfel zusammen mit der halben Zwiebel und dem Olivenöl im Mixer zu einer homogenen Masse pürieren (falls nötig, durch ein Sieb streichen), dann den Tomatensaft zugießen. Würzen, ein paar Tropfen (nicht mehr!) Grenadine zugeben und für mindestens 1 Stunde kühl stellen.

Zum Fertigstellen die vorgesehenen Gläser mit Wassermelonen-Gazpacho füllen und mit einer kleinen Spalte Wassermelone dekorieren.

Eingelegtes Gemüse „griechische Art"

Vorbereitungszeit + Garzeit: 50 Minuten
Kühlzeit: 45 Minuten
Für 8–10 Gläser

150 g Perlzwiebeln
200 g Champignons
½ Blumenkohl
1 Möhre
1 Zucchini
1 Schalotte, fein geschnitten
3 EL Olivenöl
1 Zweig Thymian
1 kleiner Zweig Rosmarin (nach Belieben)
1 Lorbeerblatt
1 TL Koriandersamen
1 Glas Weißwein
2 EL Weißweinessig (oder Saft von 1 Zitrone)
1 Knoblauchzehe
Salz, Pfeffer

Die Perlzwiebeln abziehen und die Champignons je nach Größe ganz lassen oder halbieren. Den Blumenkohl in kleine Röschen teilen, die Möhre und die Zucchini in Stifte oder in eine beliebige Form schneiden. Die Möhrenstücke 2 Minuten in kochendem Wasser blanchieren.

Die Schalotte in einem kleinen Topf in dem Olivenöl anschwitzen, ohne sie zu bräunen, mit dem Weißwein und dem Essig (oder dem Zitronensaft) ablöschen und 1 Minute einköcheln lassen. Die Gewürze, den durchgepressten Knoblauch, die Zwiebeln und nach und nach die Blumenkohlröschen, die Champignons, die Möhre und schließlich die Zucchini hinzufügen. Bei aufgelegtem Deckel 2–3 Minuten kochen, sodass das Gemüse knackig bleibt, sozusagen auf halber Strecke zwischen roh und gegart. Das Gemüse aus dem Topf nehmen und abkühlen lassen. Die Garflüssigkeit, falls nötig, nachwürzen, etwas einkochen lassen und das Gemüse damit übergießen.

Zum Fertigstellen das vollständig abgekühlte Gemüse gleichmäßig auf die vorgesehenen Gläser verteilen.

TIPP *Sie können dem Gemüse auch Ihre ganz persönliche Note verleihen und es mit Ihren bevorzugten Gewürzen aromatisieren: mit Curry, Quatre-épices, Safran oder Kreuzkümmel … Erlaubt ist, was schmeckt!*

Gemüse-Gazpacho mit fruchtigen Eiswürfeln

Eisgekühlte Gemüsepürees serviert mit in Eiswürfelform eingefrorenen Früchte-Coulis. Wagen Sie ungewöhnliche Kombinationen wie Möhre/Ananas, Paprika/Himbeere, Rote Bete/Orange oder – warum nicht: Salatgurke/Erdbeere.

Garnelen mit Frischkäse, Curry und Mango

Schöne (geschälte) Garnelen, Frischkäse, einige Würfel Mango und ein Hauch indisches Currypulver – für diese exotische süßsalzige Kombination müssen Sie noch nicht einmal in die Ferne reisen.

Feta mit Oliven und Tomaten-Coulis

Für eine mediterran inspirierte Glasspeise benötigen Sie lediglich einige marinierte Fetawürfel, eingelegte schwarze Oliven und ein wenig Tomaten-Basilikum-Sauce.

Zweierlei Taramas mit Crackern

Spielen Sie mit den verschiedenen Farben der Taramas: Rosa – Kabeljau oder Orange – Lachs und Weiß bei den Fischen, die sich nicht von kleinen Krustentieren ernähren. Als knusprige Garnitur einige salzige Cracker zerbrechen und die Taramas damit dekorieren.

Hummus mit Möhrenpüree und Tortillachips

Das milde und leicht süßliche Aroma des Möhrenpürees harmoniert ganz ausgezeichnet mit dem etwas kräftigeren Geschmack der Kichererbsen. Die Tortillachips geben dieser typisch orientalischen Verbindung eine würzige Note.

Surimi mit Zaziki und Erdnüssen

Häufig solo zum Aperitif serviert, zaubern die zerkleinerten Erdnüsse eine Art knusprige Crumbleschicht auf diese cremige Glasspeise. Einfach köstlich!

Edles im Glas

Foie gras mit Birnen, Aprikosen und Feigen

Vorbereitungszeit + Garzeit: 15 Minuten
Kühlzeit: 1 Stunde
Für 6–12 Gläser

**120–250 g leicht vorgegarte Gänseleberrolle
(foie gras mi-cuit „au torchon")
Fleur de Sel
Frisch gemahlener schwarzer Pfeffer**

Birnenkonfitüre (für 2–4 Gläser)
**2–3 Birnen
1 EL Honig
3 Prisen Zimt**

Aprikosenkonfitüre (für 2–4 Gläser)
**250 g Aprikosen
70 g feiner Rohrzucker (Sucanat)
Saft von ½ Zitrone
3 Prisen gemahlener Ingwer**

Feigenkonfitüre (für 2–4 Gläser)
**200 g Feigen
70 g feiner Rohrzucker (Sucanat)
½ Zweig Rosmarin
50 ml roter Portwein**

Kaufen Sie eine qualitativ hochwertige, leicht vorgegarte Gänseleber (unter der Bezeichnung *foie gras mi-cuit „au torchon"*) in Form einer Rolle beziehungsweise einer Wurst (aus der sich schöne runde Scheiben schneiden lassen).

Zur Herstellung der Konfitüren drei kleine Töpfe verwenden. Die Früchte in große Würfel schneiden und mit dem Zucker oder dem Honig und dem jeweiligen Gewürz oder der entsprechenden Zutat bei niedriger Temperatur 7–8 Minuten unter Rühren kochen. 1 Stunde abkühlen lassen.

Zum Fertigstellen in jedes der vorgesehenen Gläser jeweils eine kleine Menge der verschiedenen Konfitüren geben. Unmittelbar vor dem Servieren eine Scheibe Gänseleber darauflegen, mit ein paar Körnchen Salz bestreuen und mit einer Umdrehung aus der Pfeffermühle übermahlen.

TIPP *Sie können dazu Sesam-Grissini oder geröstete oder getoastete dünne Scheiben Brot mit eingebackenen Trockenfrüchten reichen.*

Foie gras mit Schokolade und Blutorange

Vorbereitungszeit + Garzeit: 28 Minuten
Kühlzeit: mindestens 25 Minuten
Für 6–8 Gläser

300 g leicht vorgegarte Entenleber (fois gras mi-cuit de canard)
50 g dunkle Schokolade
150 g Vollmilchschokolade
1 EL Erdnussöl
1 kleines Glas Blutorangensaft
1 Blutorange, filetiert
3 Blätter Gelatine
1 TL extrafeiner Zucker

Die beiden Schokoladensorten in kleine Stücke schneiden und zusammen mit dem Erdnussöl im Wasserbad oder in der Mikrowelle (niedrigste Stufe) schmelzen. Eine flache
Platte mit einem Stück Backpapier oder Frischhaltefolie belegen und mit der Rückseite
eines Esslöffels kleine runde Schokoladentaler daraufstreichen.

Zur Herstellung des Orangengelees die Blattgelatine in kaltem Wasser einweichen. Den
Saft und die Filets der Blutorange zusammen mit dem Zucker in einen Topf geben.
Die eingeweichte Gelatine zugeben und bei niedriger Temperatur auflösen, dann vom
Herd nehmen und abkühlen lassen.

In der Zwischenzeit aus der Entenleber mithilfe eines Ausstechers Kreise in der Größe
der vorgesehenen Gläser ausstechen. Abwechselnd mit den Schokoladentalern und dem
Blutorangengelee in die Gläser schichten, dabei darauf achten, dass das jeweils frisch
eingefüllte Gelee einige Minuten im Kühlschrank stocken sollte, bevor eine neue Schicht
dazukommt. Gut gekühlt servieren.

Jakobsmuscheln mit Blutwurst und grünem Apfel

Vorbereitungszeit + Garzeit: 25 Minuten
Für 4–6 Gläser

4–6 schöne Jakobsmuscheln
300 g Blutwurst (boudin noir)
2 grüne säuerliche Äpfel
1 EL feiner Rohrzucker (Sucanat)
10 g leicht gesalzene Butter (demi-sel)
1 EL Olivenöl
3 Prisen Fleur de Sel
Frisch gemahlener Pfeffer

Die Äpfel schälen, das Kerngehäuse entfernen und die Äpfel in dünne Spalten schneiden. In einer Pfanne die Butter mit dem Zucker bei niedriger Temperatur zerlassen, die Apfelspalten zugeben, den Deckel auflegen und 5–6 Minuten bei möglichst niedriger Temperatur anbraten (die Apfelspalten dürfen keine Farbe annehmen), kühl stellen.

Die Haut der Blutwurst entfernen, die Wurst mit einer Gabel zerkleinern und in einer beschichteten Pfanne bei niedriger Temperatur 2–3 Minuten unter ständigem Rühren anbraten. Die Blutwurst mit einem Löffel auf die vorgesehenen Gläser verteilen, darauf eine Schicht Apfelspalten geben und wieder kühl stellen.

Unmittelbar vor dem Servieren die Jakobsmuscheln im sehr heißen Olivenöl 1 Minute von jeder Seite anbraten.

Die Gläser aus dem Kühlschrank nehmen, in der Mikrowelle oder im Wasserbad bei niedriger Temperatur erwärmen und mit je 1 Jakobsmuschel belegen. Mit einer Prise Fleur de Sel bestreuen und mit einer Umdrehung aus der Pfeffermühle übermahlen. Sofort servieren.

TIPP *Sie können die Äpfel nach Belieben mit etwas Sichuanpfeffer aromatisieren.*

Rote Linsen mit Gänseleber und rohem Schinken

Vorbereitungszeit + Garzeit: 35 Minuten
Kühlzeit: 20 Minuten
Für 6–8 Gläser

200 g rote Linsen
½ Zwiebel, sehr fein geschnitten
1 Bouquet garni oder 1 Bouillonwürfel
4 Scheiben roher Schinken
Etwa 150 g leicht vorgegarte Gänseleber
(foie gras mi-cuit)
5 EL Olivenöl
2 EL Balsamico
Salz und frisch gemahlener Pfeffer

Die Linsen in einen Topf geben und mit kaltem Wasser bedecken. Die fein geschnittene halbe Zwiebel und das Bouquet garni zugeben und in etwa 15 Minuten gar kochen (Achtung! Rote Linsen sind deutlich schneller gar als die klassische Linsensorte), dann abgießen und abkühlen lassen.

Währenddessen den rohen Schinken in Streifen und die Gänseleber in kleine Würfel schneiden.

Zur Herstellung der Vinaigrette das Olivenöl mit dem Balsamico, dem Salz und dem Pfeffer in eine Schüssel geben und verrühren.

Zum Fertigstellen die abgekühlten Linsen vorsichtig mit der Gänseleber und dem rohen Schinken vermischen, gleichmäßig auf die vorgesehenen Gläser verteilen und mit der Vinaigrette übergießen.

Kartoffelcreme mit Trüffelfond und Coppa

Vorbereitungszeit + Garzeit: 45 Minuten
Kühlzeit: mindestens 2 Stunden
Für 8–12 Gläser

3 Kartoffeln
1 Stange Lauch, nur der weiße Teil
250 ml süße Sahne
1 kleine(s) Dose/Glas Trüffelfond
(im Feinkostgeschäft erhältlich)
5 Scheiben Coppa
2 nussgroße Stücke Butter
Salz und frisch gemahlener Pfeffer

Für die Kartoffelcreme die Kartoffel schälen, waschen und in kleine Würfel schneiden (wie für Bratkartoffeln). Den Lauch waschen, in feine Ringe schneiden und mit den Kartoffelwürfeln und der Butter in einem Topf 1 Minute anbraten. Mit Salz und Pfeffer würzen, mit Wasser bedecken und kochen, bis das Wasser vollständig verdampft ist. Die süße Sahne zugießen und 2 Minuten einköcheln lassen. Im Mixer pürieren, in einen Plastikbehälter umfüllen, kurz bei Zimmertemperatur abkühlen lassen und kühl stellen.

Die Coppa in kleine Streifen schneiden und im Backofen knusprig braten. Dazu die Coppastreifen auf ein Backblech legen und für 5 Minuten in den 160 °C heißen Backofen schieben (die Coppa soll knusprig, aber nicht verbrannt sein).

Wenn die Kartoffelcreme gut durchgekühlt ist, die vorgesehenen Gläser damit zu drei Vierteln füllen, mit dem Trüffelfond beträufeln und mit den Coppastreifen garnieren.

TIPP *Sie können den Trüffelfond und die knusprige Coppa auch, wie auf dem Foto, separat servieren.*

Ziegenfrischkäse mit grünem Apfel und geräucherter Entenbrust

Vorbereitungszeit + Garzeit: 15 Minuten
Kühlzeit: 10 Minuten
Für 4–6 Gläser

2 junge Ziegenkäse
4 EL süße Sahne
2 EL Olivenöl
2 grüne säuerliche Äpfel
8–12 dünne Scheiben geräucherte Entenbrust
2 Prisen Salz
1 Prise Pfeffer

Die Äpfel schälen, das Kerngehäuse entfernen und die Äpfel in dünne Spalten schneiden. Die Spalten auf einem Teller verteilen, mit Frischhaltefolie abdecken und 1–2 Minuten in der Mikrowelle garen. Oder die Apfelspalten 5–6 Minuten in einer beschichteten Pfanne bei möglichst niedriger Temperatur garen. Abkühlen lassen.

Für die Ziegenkäsecreme die süße Sahne bei niedriger Temperatur erhitzen, mit Salz und Pfeffer würzen. Den Ziegenkäse mit einer Gabel zerdrücken. Nach und nach mit der gewürzten Sahne übergießen, dabei die Sahne gründlich mit der Gabel einarbeiten. Danach das Olivenöl zugeben und alles zu einer homogenen Masse verrühren.

Zum Fertigstellen jeweils einen kleinen Löffel Ziegenkäsecreme auf die vorgesehenen Gläser verteilen, darauf eine Schicht Apfel und zum Abschluss die geräucherte Entenbrust. Die Schichten nach Lust, Laune und Glasgröße variieren.

Riesengarnelen mit Sprossen

Vorbereitungszeit + Garzeit: 20 Minuten
Kühlzeit: 10 Minuten
Für 6–8 Gläser

16–20 Riesengarnelen
3 EL Olivenöl zum Garen der Garnelen
1 Eigelb
Saft von 1 Zitrone
8 EL Olivenöl
Salz und frisch gemahlener Pfeffer
150 g junger Blattspinat
60 g Sojasprossen oder Alfalfasprossen
(Luzernesprossen)

Die Riesengarnelen schälen, dabei das Schwanzende an der Garnele belassen.
Kühl stellen. Die Garnelen später in etwas Olivenöl in einer Pfanne 2 Minuten pro Seite
anbraten, aus der Pfanne nehmen und auf einen mit saugfähigem Küchenpapier aus-
gelegten Teller legen.

Das Eigelb mit dem Zitronensaft in eine kleine Schüssel geben, aufschlagen und
nach und nach das Olivenöl in dünnem Strahl unterschlagen. Mit Salz und Pfeffer
abschmecken.

Den jungen Blattspinat und die Sprossen miteinander vermischen.

Unmittelbar vor dem Servieren die Spinat-Sprossen-Mischung gleichmäßig auf die
vorgesehenen Gläser verteilen, darauf die Riesengarnelen setzen und alles mit der Zitro-
nenmayonnaise beträufeln. Sofort servieren.

Linsenschaum mit Maronen und Räucherwurst

Vorbereitungszeit + Garzeit: 20 Minuten
Kühlzeit: 10 Minuten
Für 6–8 Gläser

1 kleine Dose gegarte Linsen
1 kleine Dose gegarte Maronen
1 feine geräucherte Wurst (Typ Montbéliard
oder Morteau), gekocht
300 ml süße Sahne
Salz und frisch gemahlener Pfeffer

Die Linsen abgießen, in eine kleine Schüssel geben und mithilfe eines Stößels oder einer Gabel zu einem stückigen Püree verarbeiten.

Die Maronen zwischen den Fingern zerdrücken und zum Linsenpüree geben (einige Maronen für die Dekoration ganz lassen).

Die süße Sahne mit dem Schneebesen oder dem Handrührer steif schlagen (wie für Schlagsahne), dann vorsichtig die Linsen-Maronen-Mischung mithilfe eines Teigspatels unterziehen. Nach Belieben mit Salz und Pfeffer abschmecken und in den Kühlschrank stellen.

Die gekochte Wurst in kleine Würfel oder in dünne Scheiben schneiden.

Zum Fertigstellen die vorgesehenen Gläser mit dem Linsen-Maronen-Schaum und der Wurst füllen, zum Abschluss mit einem Scheibchen Wurst und einer Marone garnieren.

Gemüse-Charlotte

Vorbereitungszeit + Garzeit: etwa 45 Minuten
Für 4 Gläser (Einmachgläser mit Bügelverschluss, 125 g Inhalt)

250 g Ratatouille aus dem Glas (Konserve) oder
Rest vom Vortag
250 g Auberginenkaviar aus dem Glas (Konserve) oder
nach dem Rezept auf Seite 50 zubereitet
½ Knolle Sellerie
1 Möhre
1 Zucchini
1 kleine(s) Dose/Glas Tomatensauce
1 Bund Basilikum
120 g Ricotta
Salz, Pfeffer
Olivenöl

Den Sellerie schälen, in große Würfel schneiden und in Salzwasser gar kochen. In der Zwischenzeit die Möhre schälen, in Stücke schneiden, die von der Höhe her genau in die vorgesehenen Gläser passen, danach die Stücke in Scheiben schneiden. Bei der Zucchini nach derselben Methode verfahren, hierbei jedoch nur Stücke mit grüner Schale verwenden. Die Möhre 2 Minuten in kochendem Salzwasser blanchieren, dann die Zucchini knapp 1 Minute darin blanchieren und schließlich beides in kaltem Wasser abschrecken. Den gegarten Sellerie abgießen, zusammen mit etwas Olivenöl in eine kleine Schüssel geben und mit einer Gabel zerdrücken. Abschmecken und beiseitestellen.

Von den Basilikumzweigen die Blätter abzupfen (einige Blättchen für die Dekoration zurückbehalten) und in feine Streifen schneiden. Die Basilikumstreifen mit dem Ricotta vermischen und mit Salz und Pfeffer würzen.

Zum Fertigstellen den Boden der vorgesehenen Gläser mit einer Schicht Selleriepüree bedecken. Die Innenwände mit den zurechtgeschnittenen Möhren- und Zucchinischeiben auskleiden. In die Gläser nun erst eine Lage Ratatouille füllen, dann eine Schicht Basilikumricotta, darauf eine Lage Auberginenkaviar. Den Abschluss bildet die Tomatensauce.

Diese Charlotte wird heiß serviert! Die Gläser in eine bis zur Hälfte mit heißem Wasser gefüllte Auflaufform stellen und bei 170 °C etwa 20 Minuten in den Backofen schieben. Um zu kontrollieren, dass auch das Innere der Charlotte heiß ist, ein Messer in die Mitte einstechen, 5 Sekunden dort belassen und danach die Klinge an die Lippen halten, um die Temperatur zu prüfen.

Würzige Riesengarnelen

Gegarte und geschälte Riesengarnelen in etwas Olivenöl marinieren, vermischt mit Currypulver, Paprikapulver und gemahlenem Kreuzkümmel oder auch Kurkuma (Gelbwurz) – die Liste kann beliebig fortgesetzt werden … Kulinarischer Tapetenwechsel garantiert!

Jakobsmuscheln in Vanilleöl

Delikate gegarte Jakobsmuscheln ein halbes Stündchen in einer aromatischen Marinade aus Vanillemark (Schote ebenfalls zugeben) und feinstem Olivenöl, mit etwas Salz und Pfeffer abgeschmeckt, schwimmen lassen – ein luxuriöser Genuss für den Gourmet, raffiniert und originell!

Pochiertes Ei mit Lachskaviar

Blitzschnell und attraktiv: pochiertes Ei (in 1 Minute gekocht!), gekrönt von durchscheinendem orangefarbenem Lachskaviar – das hat was!

Kartoffeln mit Räucherfisch

Geräucherter Schellfisch, Forelle und Makrele, mariniert mit Kräutern, Pfefferkörnern und anderen aromatischen Zutaten, harmonieren hervorragend mit in Würfel geschnittenen Kartoffeln, die auf jeden Fall warm serviert werden müssen. Obenauf ein Klecks Crème fraîche – mehr braucht man nicht fürs kulinarische Glück.

Mozzarella mit mariniertem rohem Schinken und getrockneten Tomaten

Das klassische Trio der italienischen Aromen kombiniert zu einem eleganten Antipasto – ideal zum Aperitif.

Geräucherte Entenbrust mit Artischockenherzen und Balsamico

Angerichtet als „Rollmops de luxe" oder als feine Entenbrustscheibchen, die sich um die eingelegten Artischockenherzen schlängeln – eine luxuriöse kleine Vorspeise.

Süßes im Glas

Sandgebäck mit Zitronen-Ingwer-Creme

Am Vortag zubereiten!
Vorbereitungszeit + Garzeit: 25 Minuten
Kühlzeit: 1 Stunde
Für 6–8 Gläser

Sandgebäck
250 g Butter
180 g extrafeiner Zucker
6 Eigelb
250 g Mehl
18 g Backpulver
2 Prisen Salz

Zitronencreme
150 ml Zitronensaft
3 Eier
6 Eigelb
75 g extrafeiner Zucker
110 g Butter
110 g weiße Schokolade
40 g kandierter Ingwer

Das Sandgebäck bereits am Vortag zubereiten. Dazu einen Sandteig herstellen:
Die weiche Butter und den Zucker in eine Rührschüssel geben und kräftig aufschlagen,
dann das Mehl, das Salz und das Backpulver zugeben. Alles verkneten, die Eigelbe
hinzufügen und erneut zusammenkneten. Den Teig über Nacht im Kühlschrank ruhen
lassen.

Für die Zitronencreme den Zitronensaft bei niedriger Temperatur erhitzen. Die 3 Eier,
die 6 Eigelb und den Zucker in eine Rührschüssel geben und aufschlagen, dann den
heißen Zitronensaft zugießen, die Mischung bei niedriger Temperatur unter ständigem
Rühren sanft erhitzen, bis sie einzudicken beginnt. Vom Herd nehmen, die Butter
und die weiße Schokolade in Stückchen untermischen und kühl stellen.

Den Backofen auf 180 °C vorheizen. Die Arbeitsfläche bemehlen, den Sandteig
2,5 Zentimeter dick ausrollen und mit einem Ausstecher oder einem umgedrehten Glas
runde Plätzchen ausstechen. Die Plätzchen auf ein Backblech legen und im vorgeheizten Backofen goldbraun backen.

Wenn die Zitronencreme gut durchgekühlt ist, kann das Dessert fertiggestellt werden.
Dazu jeweils ein Sandteigplätzchen in die vorgesehenen Gläser legen, etwas Zitronencreme und fein geschnittenen kandierten Ingwer daraufgeben und zum Abschluss
wieder ein Plätzchen auflegen.

TIPP *Um die Sache zu vereinfachen und die Zubereitungszeit zu verkürzen, können Sie
auch gekauftes feines Sandgebäck verwenden.*

Sommer-Crumble mit Äpfeln und Waldbeeren

Vorbereitungszeit + Garzeit: 35 Minuten
Kühlzeit: 25 Minuten
Für 6–8 Gläser

6 Äpfel
60 g Butter
120 g Rohrzucker (Demerarazucker oder Sucanat)
125 g Himbeeren
60 g Brombeeren
60 g Heidelbeeren (Blaubeeren)
75 g Zucker
Saft von 1 Zitrone

Crumbleteig
100 g Mehl
100 g feiner Rohrzucker (Sucanat)
100 g gemahlene Mandeln
120 g Butter
1 TL Zimt
1 Prise Salz

Die Äpfel schälen und das Kerngehäuse entfernen. Die Äpfel in große Würfel schneiden. In einer Kasserolle die Butter mit dem Rohrzucker zerlassen, die Apfelwürfel hineingeben, umrühren und bei niedriger Temperatur und aufgelegtem Deckel 10 Minuten garen. Danach das Apfelkompott in einen Plastikbehälter umfüllen und kühl stellen.

Den Backofen auf 180 °C vorheizen. Alle Zutaten für den Crumbleteig inklusive der weichen Butter in eine Rührschüssel geben und vermischen. Den Teig zwischen den Fingerspitzen zu Streuseln zerkrümeln, ohne ihn zu stark zu kneten, dann die Streusel 15 Minuten kühl stellen. Die Streusel auf einem Backblech oder in einer Tarteform verteilen und im vorgeheizten Backofen goldbraun backen.

In der Zwischenzeit die Beeren mit den 75 Gramm Zucker und dem Zitronensaft in einen Topf geben und bei niedriger Temperatur 2–3 Minuten einköcheln lassen.

Zum Fertigstellen des Desserts die verschiedenen Schichten in die vorgesehenen Gläser füllen: eine Schicht Apfelkompott, eine Schicht Beerenkompott – oder eine Mischung aus beiden – und zum Abschluss eine Schicht knusprige Crumblestreusel.

Honigäpfel mit Gewürzkuchen

Vorbereitungszeit + Garzeit: 20 Minuten
Für 6–8 Gläser

6–8 grüne Äpfel (säuerlich und knackig)
4 EL Honig
40 g Butter
6 Scheiben Gewürzkuchen (oder Lebkuchen)

Die Äpfel schälen und das Kerngehäuse entfernen. Dann die Äpfel in Spalten oder in große Würfel schneiden. Den Honig in eine Pfanne geben und leicht karamellisieren lassen. Die zerkleinerten Äpfel und die Butter hinzufügen, umrühren und bei niedriger Temperatur 3–4 Minuten garen. Anschließend abkühlen lassen.

Den Gewürzkuchen (oder die Lebkuchen) in kleine Würfel schneiden oder mithilfe eines Ausstechers oder eines umgedrehten Glases Kreise daraus ausstechen.

Das Dessert ähnlich wie ein Crumble anrichten: dazu den klein gewürfelten Gewürzkuchen auf den Honigäpfeln verteilen. Werden ausgestochene Kreise verwendet, diese abwechselnd mit dem Honig-Apfel-Kompott in die vorgesehenen Gläser einschichten.

Exotisches Trifle mit Perlsago in Kokosmilch

Vorbereitungszeit + Garzeit: 40 Minuten
Kühlzeit: 45 Minuten
Für 6–8 Gläser

500 ml Kokosmilch
250 ml Vollmilch
75 g extrafeiner Zucker
110 g Perlsago
1 schöne Ananas
2 Mangos
125 g extrafeiner Rohrzucker (Sucanat)
2 Kugeln Passionsfruchtsorbet (Maracujasorbet)
oder 100 ml Passionsfruchtsaft
4 Blätter Gelatine
3 Passionsfrüchte (Maracujas)

Crumbleteig
100 g Mehl
100 g feiner Rohrzucker (Sucanat)
50 g gemahlene Mandeln
50 g Kokospulver
120 g leicht gesalzene Butter (demi-sel)

Zuerst den Perlsago in Kokosmilch zubereiten. Dazu die Kokosmilch mit der Vollmilch und dem extrafeinen Zucker in einen Topf geben und bei mittlerer Temperatur erhitzen. Wenn die Mischung kocht, den Perlsago hinzufügen und unter ständigem Rühren bei möglichst niedriger Temperatur in etwa 10 Minuten gar kochen. Abkühlen lassen.

Für den Crumbleteig zuerst den Backofen auf 180 °C vorheizen. Alle Zutaten für den Crumbleteig inklusive der weichen Butter in eine Rührschüssel geben und zwischen den Fingerspitzen zu Streuseln zerkrümeln, ohne den Teig zu stark zu kneten, dann die Streusel für 15 Minuten kühl stellen. Die Streusel auf einem Backblech oder in einer Tarteform verteilen und im vorgeheizten Backofen goldbraun backen.

Die Ananas und die Mangos schälen und in große Würfel schneiden. Den Rohrzucker in einer Pfanne erhitzen, dann die Ananaswürfel zugeben und 2–3 Minuten darin garen. Die Mangowürfel und das Passionsfruchtsorbet (oder den Saft) hinzufügen und weitere 1–2 Minuten erhitzen. Die Gelatine in kaltem Wasser einweichen und zusammen mit dem Fruchtfleisch und den Kernen der Passionsfrüchte in die Pfanne geben. Abkühlen lassen.

Zum Fertigstellen des Desserts die exotische Früchtemischung gleichmäßig auf die vorgesehenen Gläser verteilen, darauf je eine Lage Perlsago in Kokosmilch geben und unmittelbar vor dem Servieren mit den Crumblestreuseln bestreuen.

TIPP *Separat dazu könnten Sie eine feinsäuerliche Himbeer-Coulis servieren.*

Tiramisu

Vorbereitungszeit: 30 Minuten
Kühlzeit: 2 Stunden
Für 6–8 Gläser

500 ml Kaffee
100 g Zucker
18–24 Löffelbiskuits
1 kleines Glas Amaretto
3 Eier
250 g Mascarpone
50 g Zucker
3 EL Kakaopulver

Den lauwarmen Kaffee in eine kleine Schüssel gießen, den Zucker hinzufügen und gründlich verrühren. Die Löffelbiskuits in den gesüßten Kaffee tauchen und in die vorgesehenen Gläser legen (3 pro Glas). Fest mit den Fingern andrücken, um eine gut durchtränkte und gleichmäßige Schicht zu erhalten. Mit dem Amaretto beträufeln und die Gläser kühl stellen.

Nun die Mascarponecreme zubereiten. Dazu die Eier trennen und in zwei verschiedene Rührschüsseln geben. Die Eigelbe zusammen mit der Hälfte des Zuckers weißcremig aufschlagen, dann den Mascarpone kräftig unterrühren, damit keine Klümpchen zurückbleiben. Die Eiweiße steif schlagen, den restlichen Zucker zugeben und erneut schlagen, sodass sich der Eischnee festigt. Den Eischnee mithilfe eines Teigspatels vorsichtig unter die Mascarpone-Eigelb-Masse ziehen.

Nun bleibt nichts weiter zu tun, als die Gläser aus dem Kühlschrank zu nehmen, mit der Mascarponecreme zu füllen und für mindestens 2 weitere Stunden zurück in den Kühlschrank zu stellen. Direkt vor dem Servieren mit dem Kakaopulver bestäuben.

Crème brûlée in kleinen Gläsern

Vorbereitungszeit: 15 Minuten
Garzeit: 1–1½ Stunden
Kühlzeit: 2 Stunden
Für 12–16 Gläser

750 ml süße Sahne
250 ml Vollmilch
8 Eigelb
125 g extrafeiner Zucker
1 EL Vanilleextrakt
1 EL Kaffee-Extrakt
1 EL Kakaopulver
1 EL Pistazienpaste (fertig aus dem
Feinkostladen oder mit frischen Pistazien im
Multizerkleinerer selbst hergestellt)
120 g brauner Zucker
Ein Flambierbrenner zum Karamellisieren

Die Vollmilch mit der süßen Sahne bei niedriger bis mäßiger Temperatur erhitzen.
Die Eigelbe mit dem Zucker in eine Rührschüssel geben und kräftig aufschlagen, dann
die heiße Milch-Sahne-Mischung angießen und gründlich verrühren. Die Creme gleichmäßig auf vier kleine Schüsseln verteilen und jede Portion mit einem der vier Aromen
vermischen. Die vorgesehenen Gläser mit den verschiedenen Cremes füllen.

Die Gläser in eine bis zur Hälfte mit heißem Wasser gefüllte Auflaufform stellen und
je nach Glasgröße 1–1½ Stunden bei 90 °C im Wasserbad garen. Es ist wichtig, dass die
Temperatur 100 °C nicht überschreitet! Danach für mindestens 2 Stunden kühl stellen.

Unmittelbar vor dem Servieren die Gläser mit braunem Zucker bestreuen und diesen
mit einem Flambierbrenner karamellisieren. Mit dem Brenner vorsichtig umgehen,
damit die Gläser nicht zerspringen. Werden hitzebeständige Gläser (Jenaer Glas)
verwendet, können diese zum Karamellisieren der Creme auch kurz unter den Back-
ofengrill gestellt werden.

Milchreis mit Himbeeren und Spekulatius

Vorbereitungszeit + Garzeit: 35 Minuten
Kühlzeit: 45 Minuten
Für 6–8 Gläser

90 g Milchreis (Rundkornreis)
250 ml Vollmilch
150 ml süße Sahne
115 g extrafeiner Zucker
1 Vanilleschote
2 Blätter Gelatine
250 g Himbeeren
1 Paket (etwa 200 g) Spekulatius

Für den Milchreis die Milch mit der Sahne und 60 Gramm Zucker bei mittlerer Temperatur erhitzen. Den Reis mit kaltem Wasser abspülen und kurz vor dem Siedepunkt zur Milch-Sahne-Mischung geben. Die Vanilleschote der Länge nach aufschlitzen und ebenfalls hinzufügen. Bei niedriger Temperatur garen, dabei häufig umrühren, damit der Reis nicht am Topfboden ansetzt. Den Milchreis zum Abkühlen in eine Schüssel füllen.

In der Zwischenzeit die Blattgelatine in kaltem Wasser einweichen. Die Himbeeren, 75 Gramm Zucker und 2 Esslöffel Wasser in einen Topf geben und bei niedriger Temperatur leicht erhitzen. Die Gelatine hinzufügen und unterrühren, bis sie sich vollständig aufgelöst hat. Den Milchreis und die Himbeeren für mindestens 45 Minuten kühl stellen.

Die Spekulatius im Mixer oder mithilfe des Nudelholzes zu feinem Pulver verarbeiten.

Zum Fertigstellen des Desserts den Milchreis gleichmäßig auf die vorgesehenen Gläser verteilen, mit einer Lage Himbeeren bedecken und zum Abschluss mit dem Spekulatiuspulver bestreuen.

Birnenkonfitüre mit Schokoladen-Sandgebäck

Am Vortag zubereiten!
Vorbereitungszeit + Garzeit: 20 Minuten
Kühlzeit: 3 Stunden
Für 6–8 Gläser

5 Birnen (Conférence oder Williams)
1 Vanilleschote
3 EL Honig

Schokoladen-Sandgebäck
150 g Butter
110 g Puderzucker
170 g Mehl
30 g Kakaopulver
1 Eigelb
1 Ei

Das Schokoladen-Sandgebäck bereits am Vortag zubereiten. Dazu einen Sandteig herstellen: Die weiche Butter und den Zucker in eine Rührschüssel geben und kräftig aufschlagen, dann das Mehl und das Kakaopulver zugeben. Alles verkneten, das Ei und das Eigelb hinzufügen und erneut zusammenkneten. Den Teig über Nacht im Kühlschrank ruhen lassen.

Für die Birnenkonfitüre die Birnen schälen, das Kerngehäuse entfernen und die Birnen in große Würfel schneiden. Zusammen mit dem Honig, einem kleinen Glas Wasser und der aufgeschlitzten Vanilleschote 5–6 Minuten bei mittlerer Temperatur köcheln lassen. Kühl stellen.

Zum Zubereiten des Sandgebäcks den Backofen auf 180 °C vorheizen. Die Arbeitsfläche bemehlen, den Sandteig 2,5 Zentimeter dick ausrollen und mit einem Ausstecher oder einem umgedrehten Glas Kreise aus dem Teig ausstechen. Die Teigkreise auf ein Backblech legen und 6–7 Minuten im Backofen backen.

Zum Fertigstellen des Desserts die vorgesehenen Gläser mit der Birnenkonfitüre füllen und obenauf ein Schokoladen-Sandplätzchen legen.

TIPP *Um die Zubereitungszeit zu verkürzen, können Sie auch gekauftes feines Schokoladen-Sandgebäck verwenden. Das Dessert schmeckt auch damit köstlich und ist im Handumdrehen zubereitet.*

Erdbeeren mit Mascarpone

Vorbereitungszeit: 15 Minuten
Kühlzeit: 20 Minuten
Für 6–8 Gläser

300 g Erdbeeren
150 ml Erdbeerpüree
250 g Mascarpone
50 g Quark
70 g Puderzucker
75 g Müsli mit Trockenfrüchten

Die Erdbeeren waschen, von den Stielen befreien und in Stücke schneiden (an die Glasgröße angepasst).

Den Mascarpone mit dem Quark und dem Puderzucker in eine Schüssel geben und kräftig aufschlagen.

Zum Fertigstellen des Desserts die Erdbeerstückchen mit dem Erdbeerpüree gleichmäßig auf die vorgesehenen Gläser verteilen und mit der Mascarponecreme bedecken. Kühl stellen. Unmittelbar vor dem Servieren mit dem Müsli bestreuen.

Karamellisierte Bananen „Tatin" mit Palmitos und Crème fraîche

Vorbereitungszeit + Garzeit: 20 Minuten
Kühlzeit: 20 Minuten
Für 6–8 Gläser

6 Bananen
200 g Zucker
50 g ungesalzene Butter
1 Paket Palmitos (knusprige Blätterteigherzen)
120 g Crème fraîche

Die Bananen schälen und in dicke Scheiben schneiden. In einer Pfanne den Zucker gleichmäßig verteilen, mit 1 Esslöffel Wasser beträufeln und erhitzen, um einen hellen Karamell zu kochen. Die Butter dazugeben und die Bananenscheiben 2–3 Minuten darin karamellisieren.

Zum Fertigstellen des Desserts die vollständig abgekühlten Karamellbananen abwechselnd mit der Crème fraîche in die vorgesehenen Gläser einschichten, dabei zwischen den einzelnen Schichten jeweils einige Palmitostückchen verteilen. Sofort servieren.

TIPP *Mit diesem Dessert können Sie sich auch einen Hauch Antillen-Feeling auf den häuslichen Esstisch zaubern, indem Sie die Bananen mit einem Schuss Rum aromatisieren und noch einige Rosinen untermischen.*

Panna cotta mit roten Früchten

Vorbereitungszeit + Garzeit: 20 Minuten
Kühlzeit: 2 Stunden
Für 6–8 Gläser

150 ml Milch
150 ml süße Sahne
50 g extrafeiner Rohrzucker (Sucanat)
2 Blätter Gelatine
½ Vanilleschote
250 g gemischte rote Früchte (Kirschen und Waldbeeren,
frisch oder tiefgekühlt)
60 g extrafeiner Zucker

Für die Panna Cotta die Milch und die Sahne zusammen mit dem Rohrzucker und der Vanille in einen Topf geben und 5 Minuten bei niedriger Temperatur köcheln lassen. In der Zwischenzeit die Blattgelatine in kaltem Wasser einweichen und schließlich in der Milch-Sahne-Mischung auflösen. Die vorgesehenen Gläser zu zwei Dritteln mit der Panna cotta füllen und für mindestens 2 Stunden in den Kühlschrank stellen.

Den Zucker mit wenig Wasser bei niedriger Temperatur in einer Kasserolle schmelzen lassen, dann die roten Früchte hinzufügen. 1–2 Minuten leicht einköcheln lassen, dann beiseitestellen und abkühlen lassen.

Zum Fertigstellen des Desserts das vollständig abgekühlte Früchtekompott auf der Panna cotta verteilen.

Irish-Coffee-Creme mit Schokoladentalern

Vorbereitungszeit + Garzeit: 35 Minuten
Kühlzeit: 1 Stunde 30 Minuten
Für 8 Gläser

120 ml Milch
4 Eigelb
125 g Zucker
5 Blätter Gelatine
1 EL Kaffee-Extrakt
1 kleines Glas Whisky
150 g dunkle Schokolade
750 ml süße Sahne

Zum Dekorieren (nach Belieben)
Einige Kaffeebohnen im Schokomantel oder etwas Pulverkaffee

Für die Kaffee-Whisky-Creme zunächst eine Crème anglaise bereiten: Die Milch bei niedriger Temperatur erhitzen; in der Zwischenzeit die Eigelbe mit dem Zucker in eine kleine Rührschüssel geben und kräftig aufschlagen. Die Blattgelatine in kaltem Wasser einweichen. Die heiße Milch nach und nach unter Rühren zur Eier-Zucker-Mischung gießen, gründlich aufschlagen, bis sich alles verbunden hat, und erneut vorsichtig bei niedriger Temperatur erhitzen (Vorsicht – die Creme darf nicht kochen!). Mit einem Holzspatel umrühren, bis die Creme am Spatel haften bleibt, dann vom Herd nehmen, die Gelatine, den Kaffee-Extrakt und den Whisky hinzufügen und abkühlen lassen.

Zur Herstellung der Schokoladentaler die dunkle Schokolade im Wasserbad schmelzen und mithilfe eines Esslöffels damit kleine Kreise von der Größe der vorgesehenen Dessertgläser (2–3 Schokoladentaler pro Glas rechnen) auf Backtrennpapier streichen. Kühl stellen.

Wenn die Schokoladentaler ausgehärtet sind, die Sahne mit dem elektrischen Handrührer steif schlagen. Ein Drittel davon abnehmen und kühl stellen, den Rest vorsichtig unter die Kaffee-Whisky-Creme ziehen.

Zum Fertigstellen des Desserts zuerst eine Schicht Kaffee-Whisky-Mousse in die vorgesehenen Gläser füllen, darauf einen Schokoladentaler legen. So fortfahren, bis die Gläser vollständig gefüllt sind. Für 1½ Stunden in den Kühlschrank stellen und direkt vor dem Servieren mit einem Sahnehäubchen und den schokolierten Kaffeebohnen oder dem Pulverkaffee garnieren.

Délice „Café Noir"

Vorbereitungszeit: 2 x 15 Minuten
Kühlzeit: 2 x 30 Minuten
Für 6–8 Gläser

Schokoladen-Karamell-Mousse
50 g feiner Zucker
100 ml süße Sahne
120 g dunkle Schokolade
3 Eigelb
250 ml süße Sahne
20 g Puderzucker

Weiße Schokoladen-Mousse
150 g weiße Schokolade
125 ml süße Sahne
1 Blatt Gelatine
125 ml süße Sahne
10 g Puderzucker
1 Flasche dunkle Schokoladensauce
oder -glasur

Für die Schoko-Karamell-Mousse den feinen Zucker in einen kleinen Topf geben und bei niedriger Temperatur ohne Zugabe von Wasser karamellisieren lassen, dann 100 Milliliter süße Sahne angießen und bei niedriger Temperatur erhitzen, um den Karamell darin aufzulösen. Die dunkle Schokolade zerkleinern, in eine kleine Schüssel geben, mit der heißen Karamellsahne übergießen und gründlich vermischen, damit die Schokolade schmilzt. Dann die Eigelbe unterrühren. 250 Milliliter süße Sahne mit dem Puderzucker steif schlagen und vorsichtig unter die Schoko-Karamell-Creme heben. Die vorgesehenen Dessertgläser mithilfe eines Esslöffels oder eines Spritzbeutels jeweils zu einem Drittel mit der Mousse füllen und kühl stellen.

Für die weiße Schokoladen-Mousse zuerst die Gelatine in kaltem Wasser einweichen. Die weiße Schokolade zerkleinern und in eine Schüssel geben. 125 Milliliter süße Sahne bei niedriger Temperatur zum Kochen bringen, kurz abkühlen lassen, die Gelatine inzufügen, damit die weiße Schokolade übergießen und vermischen. 125 Milliliter süße Sahne mit 10 Gramm Puderzucker steif schlagen und vorsichtig unter die abgekühlte weiße Schoko-Mousse heben. Die Dessertgläser aus dem Kühlschrank nehmen, zu jeweils einem weiteren Drittel mit der weißen Schoko-Mousse füllen und wieder kühl stellen.

Zum Fertigstellen des Desserts die weiße Schokoladen-Mousse mit einer dünnen Schicht Schokoladensauce oder -glasur bedecken und bis zum Servieren kühl stellen.

Mousse au Chocolat „Surprise"

Vorbereitungszeit + Garzeit: 30 Minuten
Kühlzeit: mindestens 1 Stunde 30 Minuten
Gefrierzeit: etwa 2 Stunden
Für 6–8 Gläser

Mousse au Chocolat
125 g dunkle Schokolade
30 g Butter
30 g Crème fraîche
2 Eigelb
4 Eiweiß
1 knapper EL Puderzucker

Fruchtpüree-Eiswürfel
150 ml Himbeerpüree
150 ml Aprikosenpüree
150 ml Kiwipüree

Für die Fruchtpüree-Eiswürfel die jeweiligen pürierten Früchte in Eiswürfelbehälter füllen und in den Tiefkühler stellen. Die Eiswürfel sollten nicht zu groß sein und sich in ihrer Größe an den vorgesehenen Gläsern orientieren.

Für die Mousse au Chocolat die Schokolade und die Butter zerkleinern und zusammen im Wasserbad schmelzen. Nun zuerst die Sahne und danach die Eigelbe zugeben, gründlich vermischen und glatt rühren. Die Eiweiße sehr steif schlagen, dabei den Zucker einrieseln lassen. Den Eischnee vorsichtig unter die Schokoladencreme heben und die Creme kühl stellen.

Sobald die Mousse au Chocolat gestockt ist, kann sie in einen Spritzbeutel gefüllt werden. In jedes Glas einen Fruchtpüree-Eiswürfel legen, darauf jeweils eine Lage Mousse geben, einen weiteren Eiswürfel ins Glas legen und abwechselnd Mousse und Eiswürfel einschichten, dabei darauf achten, dass auch farblich abgewechselt wird. Die gefüllten Gläser in den Kühlschrank stellen. Die Eiswürfel schmelzen langsam, und das Fruchtpüree bildet am Ende eine von Mousse au Chocolat umschlossene Schicht. Das Dessert vor dem Servieren mit einer dekorativen Moussehaube garnieren.

Maronen-Mousse mit Orangengelee

Vorbereitungszeit + Garzeit: 25 Minuten
Kühlzeit: mindestens 1 Stunde 30 Minuten
Für 6–8 Gläser

Maronen-Mousse
200 g Maronencreme
1 Blatt Gelatine
150 ml süße Sahne
1 kleine(s) Dose/Glas Maronen in Sirup

Orangengelee
250 ml Orangensaft
1 EL extrafeiner Zucker
3 Blätter Gelatine
2 EL Grand Marnier oder Cointreau

Zum Dekorieren (nach Belieben)
Kakaopulver
Glasierte Maronen, zerkleinert
Schokoladen-Cornflakes

Für das Orangengelee zuerst die Gelatine in kaltem Wasser einweichen. Den Orangensaft mit dem Zucker in einen kleinen Topf geben und bei niedriger Temperatur erhitzen, dann die Gelatine darin auflösen. Den Grand Marnier oder den Cointreau hinzufügen und bei Zimmertemperatur abkühlen lassen.

Für die Maronen-Mousse die Maronencreme zusammen mit etwas Wasser in einen zweiten kleinen Topf geben, leicht erwärmen und das zuvor in kaltem Wasser eingeweichte Blatt Gelatine darin auflösen. Die Gelatine sorgfältig unterrühren und die Creme abkühlen lassen. Die gut gekühlte süße Sahne in eine Rührschüssel geben und mit dem elektrischen Handrührgerät sehr steif schlagen. Danach zuerst die Maronencreme und dann die zerkleinerten Maronen unterziehen.

Zum Fertigstellen des Desserts mithilfe eines Spritzbeutels eine Schicht Maronen-Mousse in die vorgesehenen Gläser spritzen, darauf einen Löffel Orangengelee zu einer Schicht verstreichen. Nach dieser Methode die Gläser füllen, dabei darauf achten, dass das Orangengelee nach dem Einfüllen stets im Kühlschrank stocken muss, bevor eine weitere Schicht Maronen-Mousse eingefüllt werden kann. Nur so können klar voneinander getrennte Schichten entstehen – das Auge isst mit! Mit einer Schicht Orangengelee abschließen und mindestens 1 Stunde kühl stellen. Je nach persönlicher Vorliebe und Inhalt des Vorratsschranks das fertige Dessert mit Kakaopulver bestäuben und mit zerkleinerten glasierten Maronen und/oder Schokoladen-Cornflakes garnieren. Gut gekühlt genießen.

Feine Schokoladen-Charlotte

Vorbereitungszeit + Garzeit: 55 Minuten
Kühlzeit: mindestens 3 Stunden
Für 6–8 Gläser

24 Löffelbiskuits
400 g dunkle Schokolade bester Qualität
(70 % Kakaoanteil)
100 g Butter
4 Eier
1 EL Puderzucker
200 ml süße Sahne

250 Gramm der Schokolade zerkleinern, in eine Schüssel geben und bei niedriger Temperatur im Wasserbad schmelzen. In der Zwischenzeit die Eier aufschlagen und Eigelbe und Eiweiße trennen. Wenn die Schokolade geschmolzen ist, diese mit einem Holzspatel glatt rühren. Nach und nach die in kleine Stücke geschnittene Butter und danach die Eigelbe einzeln unterrühren. Den Topf mit dem Wasserbad zurück auf den Herd stellen und den Inhalt gründlich vermischen, sodass eine geschmeidige, glänzende Schokocreme entsteht. Bei Zimmertemperatur abkühlen lassen.

Die Eiweiße steif schlagen, am Ende den Puderzucker hinzufügen und erneut aufschlagen, damit ein fester Eischnee entsteht. Die (gut gekühlte) süße Sahne ebenfalls steif schlagen.

Für die Mousse au Chocolat zuerst den Eischnee vorsichtig unter die Schokoladencreme ziehen, dann die steif geschlagene Sahne unterheben, bis die Mousse glatt und vollkommen homogen ist.

Für die Schokoladendekoration die restlichen 150 Gramm dunkle Schokolade ebenfalls im Wasserbad schmelzen. Eine Platte mit Frischhaltefolie bedecken und darauf mit der geschmolzenen Schokolade mithilfe eines Esslöffels große abstrakte Motive zeichnen. In den Kühlschrank stellen.

Zum Fertigstellen des Desserts die Löffelbiskuits so zurechtschneiden, dass sie von der Höhe her bequem in die vorgesehenen Gläser passen. Den Boden und die Innenwände der Gläser mit den Löffelbiskuits auskleiden, dann mit der Mousse au Chocolat füllen und kühl stellen. Unmittelbar vor dem Servieren die Schokoladendesserts und die Platte mit den Schokoladenornamenten aus dem Kühlschrank nehmen, die Ornamente von der Folie ablösen und die Desserts damit dekorieren.

Himbeeren „Melba"

Vorbereitungszeit: 15 Minuten
Kühlzeit: 10 Minuten
Für 6–8 Gläser

1 l Himbeersorbet
250 g Himbeeren
400 ml Himbeerpüree
400 ml süße Sahne
2 EL Puderzucker
½ Vanilleschote
40 g Mandelblättchen
Cigarettes russes (Gebäckröllchen)

Die gut gekühlte süße Sahne mit dem elektrischen Handrührgerät steif schlagen. Den Puderzucker hinzufügen, das Mark der halben Vanilleschote auskratzen, untermischen und die Schlagsahne kühl stellen.

Zum Fertigstellen einige Himbeeren auf die vorgesehenen Gläser verteilen, darauf eine Kugel Himbeersorbet geben und mit etwas Himbeerpüree übergießen. Die Schlagsahne in einen Spritzbeutel mit Sterntülle füllen und das Dessert dekorativ mit der Sahne garnieren. Die Sahne mit etwas Himbeerpüree beträufeln, mit einer Himbeere belegen, mit einigen Mandelblättchen bestreuen und mit einer Cigarette russe anrichten – lassen Sie Ihrer Fantasie freien Lauf! Sofort servieren.

Aprikosen-Mousse mit Ingwer und Gewürzkuchen

Vorbereitungszeit + Garzeit: 25 Minuten
Kühlzeit: mindestens 2 Stunden
Für 6–8 Gläser

300 g Aprikosen in Sirup, abgetropft
1 TL gemahlener Ingwer
20 g kandierter Ingwer
5 Blätter Gelatine
50 g extrafeiner Zucker
300 ml süße Sahne
6 Scheiben Gewürzkuchen (oder Lebkuchen)

Zum Dekorieren
Aprikosenspalten
Scheiben vom kandierten Ingwer

Die abgetropften Aprikosen mit dem Zucker und dem gemahlenen und dem kandierten Ingwer im Mixer pürieren. Die Gelatine 1 Minute in kaltem Wasser einweichen. Die Hälfte des Aprikosen-Ingwer-Pürees bei niedriger Temperatur erhitzen (nicht kochen lassen!), vom Herd ziehen, die Gelatine darin auflösen und das restliche Püree sorgfältig unterrühren. Abkühlen lassen.

Zur Herstellung der Mousse die süße Sahne mit dem elektrischen Handrührgerät steif schlagen und das abgekühlte Aprikosen-Ingwer-Püree (ein wenig davon für die Dekoration zurückbehalten) vorsichtig mithilfe eines Spatels unterziehen.

Zum Fertigstellen des Desserts den Gewürzkuchen (oder die Lebkuchen) in kleine Würfel schneiden und diese gleichmäßig auf die vorgesehenen Gläser verteilen. Die Aprikosen-Mousse darübergeben und das Dessert für mindestens 2 Stunden kühl stellen. Unmittelbar vor dem Servieren mit einer Scheibe kandiertem Ingwer, einer Aprikosenspalte und etwas Aprikosen-Ingwer-Püree garnieren.

Himbeer-Tiramisu mit Pistazien

Vorbereitungszeit + Garzeit: 30 Minuten
Kühlzeit: mindestens 2 Stunden
Für 6–8 Gläser

125 g frische oder tiefgekühlte Himbeeren
80 g extrafeiner Zucker
18–24 Löffelbiskuits
1 kleines Glas Amaretto
3 Eier
250 g Mascarpone
60 g Pistazien (geschält und ungesalzen)
4 Schokoladenkekse

Die Himbeeren (einige für die Dekoration zurückbehalten) zusammen mit 30 Gramm Zucker in eine Schüssel geben und leicht zerdrücken.

Die Löffelbiskuits in kleine Stücke schneiden und gleichmäßig auf die vorgesehenen Gläser verteilen. Mit etwas Amaretto beträufeln, danach leicht mit den Fingerspitzen zusammendrücken und mit einer Schicht zerdrückter Himbeeren bedecken. Kühl stellen.

Für die Mascarponecreme die Eier trennen. Die Eiweiße und Eigelbe in je eine Rührschüssel geben. Die Eigelbe mit 25 Gramm Zucker weißcremig aufschlagen, dann den Mascarpone unter kräftigem Rühren untermischen, damit sich keine Klümpchen bilden. Die Eiweiße steif schlagen, 25 Gramm Zucker hinzufügen und erneut aufschlagen, damit ein fester Eischnee entsteht. Den Schnee mithilfe eines Spatels vorsichtig unter die Eigelb-Mascarpone-Masse ziehen.

Zum Fertigstellen des Desserts die Creme auf die Himbeerschicht geben und das Himbeer-Tiramisu für mindestens 2 Stunden kühl stellen. Unmittelbar vor dem Servieren die Pistazien und die Schokoladenkekse grob zerkleinern, die Desserts damit bestreuen und mit einigen Himbeeren garnieren.

Bunte Weihnachtsbäume

Vorbereitungszeit + Garzeit: 40 Minuten
Kühlzeit: 1 Stunde
Für 6–8 Gläser

6–8 Waffeltüten für Eis
250 g dunkle Schokolade
1 Packung Smarties oder Mini-Smarties

Schokoladencreme
200 ml Milch
300 ml süße Sahne
65 g extrafeiner Zucker
7 Eigelb
250 g dunkle Schokolade

Für die Schokoladencreme die Milch mit der Sahne in einen Topf geben und bei mittlerer Temperatur erhitzen. Die Eigelbe mit dem Zucker in eine Rührschüssel geben und aufschlagen, dann die heiße Milch-Sahne-Mischung zugießen und verrühren. Die Mischung zurück in den Topf geben und wie bei der Zubereitung einer Crème anglaise bei niedriger Temperatur erneut erhitzen – jedoch nur bis knapp unter den Siede-punkt –, dann die 250 Gramm zerkleinerte dunkle Schokolade hinzufügen und mit einem Spatel umrühren, damit die Schokolade schmilzt. Die vorgesehenen Gläser mit der Schokoladencreme füllen (darauf achten, dass der Durchmesser der Glasöff-nung etwas größer ist als der Durchmesser der Waffeltüten). Für mindestens 1 Stunde kühl stellen.

Die restlichen 250 Gramm dunkle Schokolade im Wasserbad schmelzen. Die Waffel-tüten mit einer Pinzette festhalten und in der Schokolade wenden, bis sie von außen ganz damit überzogen sind.

Zum Dekorieren der „Weihnachtsbäume" die Smarties im Ganzen oder zerkleinert in den Schokoladenüberzug drücken. Anschließend einige Minuten kühl stellen, damit die Schokolade aushärtet.

Nach Belieben können die Weihnachtsbäume zusätzlich mit Zuckerguss aus dem Spritz-beutel dekoriert werden.

Direkt vor dem Servieren die bunten Eiswaffeln auf die mit Schokoladencreme ge-füllten Gläser setzen.

Pfirsich in Grünteegelee

Vorbereitungszeit + Garzeit: 35 Minuten
Kühlzeit: mindestens 1 Stunde
Für 6–8 Gläser

4 Pfirsiche
750 ml Wasser (zum Herstellen des Sirups)
100 g Zucker
50 g grüner Tee (Matcha)
10 Blätter Gelatine

Wasser zum Kochen bringen, die Pfirsiche nacheinander jeweils 10 Sekunden eintauchen (auf diese Weise lässt sich die Haut leichter abziehen) und enthäuten. Das Wasser wegschütten, die Pfirsiche halbieren und den Stein entfernen.

Für den Sirup 750 Milliliter Wasser mit dem Zucker aufkochen. Die halben Pfirsiche hineingeben. Den grünen Tee hinzufügen und etwa 5 Minuten bei mittlerer Temperatur köcheln lassen. Die halben Pfirsiche aus dem Grünteesirup nehmen und abkühlen lassen.

Die Gelatine in kaltem Wasser einweichen. Den Sirup durch ein feines Sieb abseihen, dann die Gelatine darin auflösen.

Zum Fertigstellen des Desserts das Grünteegelee etwa 2 Zentimeter hoch in die vorgesehenen Gläser gießen und in den Kühlschrank stellen. Sobald das Gelee gestockt ist, pro Glas einen halben Pfirsich daraufgeben und mit dem restlichen bei Zimmertemperatur leicht abgekühlten Grünteesirup auffüllen. Die Gläser in den Kühlschrank stellen und gut gekühlt servieren.

Grapefruitmarmelade

Vorbereitungszeit + Garzeit: 15 Minuten
Kühlzeit: 20 Minuten
Für 6–8 Gläser

8–10 Grapefruits
3 EL Honig

Die Grapefruits schälen, sodass auch die weiße Haut vollständig entfernt ist. Mithilfe eines scharfen Messers die Filets (ohne Haut) herausschneiden, dabei den Saft auffangen.

Den Honig in eine Pfanne geben, 1–2 Minuten bei mittlerer Temperatur erhitzen, dann die Grapefruitfilets und den -saft hinzufügen und 2 Minuten bei niedriger Temperatur köcheln lassen. Vom Herd nehmen und abkühlen lassen.

TIPP *Diese Grapefruitmarmelade ist weniger süß als die klassische Version mit Bitterorangen (Pomeranzen) und kaum gegart – sie schmeckt solo oder auch in Begleitung eines Schokoladendesserts einfach köstlich. Aromatisieren Sie sie auch einmal ganz nach Ihrem persönlichen Geschmack mit etwas Ingwer, Zimt oder Vanille, erfinden Sie originelle Kombinationen, servieren Sie diese Marmelade mit einer Kugel Eiscreme oder Sorbet.*

Rotweinheidelbeeren mit Rosmarin

Vorbereitungszeit + Garzeit: 20 Minuten
Kühlzeit: mindestens 45 Minuten
Für 6–8 Gläser

400 g Heidelbeeren
100 g Zucker
1 Flasche Rotwein
2 Zweige Rosmarin

Den Rotwein mit dem Zucker in einen Topf geben und bei mittlerer Temperatur erhitzen, bis die Flüssigkeit um die Hälfte eingekocht ist. Die Heidelbeeren und einen Zweig Rosmarin zugeben. 2–3 Minuten bei niedriger Temperatur köcheln lassen, dann vom Herd ziehen. Den Rosmarin herausnehmen und abkühlen lassen.

Zum Fertigstellen des Desserts die Heidelbeeren in die vorgesehenen Gläser füllen, mit Rotweinsirup beträufeln und mit dem übrigen Rosmarin garnieren.

Dulce de leche

Vorbereitungszeit + Garzeit: 1 Stunde 50 Minuten
Kühlzeit: 45 Minuten
Für 6–8 Gläser

1 große Dose à 400 ml (oder 2 kleine Dosen à 200 ml)
gezuckerte Kondensmilch
Eine kleine Gebäckauswahl

Dieses einfachste der hier vertretenen Rezepte ist zweifellos auch eines der köstlichsten.

Die Dose(n) Kondensmilch ungeöffnet in einen mit Wasser gefüllten Topf stellen und im Wasserbad zwischen 1½ und 1¾ Stunden – je nach Größe der Dose(n) – bei mittlerer Temperatur köcheln lassen. Danach abkühlen lassen.

Unmittelbar vor dem Füllen der vorgesehenen Gläser die Dose(n) öffnen, die Milchkonfitüre nach Lust und Laune aromatisieren (mit Vanille, Zimt, Ingwer) und mit Gebäck servieren.

Kokos-Limetten-Flan

Vorbereitungszeit + Garzeit: 30 Minuten
Kühlzeit: mindestens 1 Stunde
Für 6–8 Gläser

2 Eier
2 Eigelb
1 kleine Dose (200 ml) gezuckerte Kondensmilch
200 ml Kokosmilch
100 g Kokosraspel
1 unbehandelte Limette

Zur Herstellung der Flans die Eier aufschlagen und mit den Eigelben in eine Rührschüssel geben. Die Kondensmilch, die Kokosmilch und die Kokosraspel hinzufügen. Die Limette heiß abwaschen, ¼ der Limettenschale fein abreiben, den Saft auspressen und ebenfalls zugeben. Alle Zutaten gründlich vermischen.

Die vorgesehenen hitzebeständigen Gläser mit der Flanmasse füllen, in eine bis zur Hälfte mit heißem Wasser gefüllte Auflaufform stellen und 15 – 20 Minuten (je nach Glasgröße) im auf 160 °C vorgeheizten Backofen garen. Vor dem Servieren vollständig abkühlen lassen.

Honigananas mit Mascarponecreme

Vorbereitungszeit + Garzeit: 25 Minuten
Für 6–8 Gläser

Honigananas
1 schöne frische Ananas
2 EL Honig
1 Vanilleschote

Mascarponecreme
4 Eigelb
2 Päckchen Vanillezucker
250 g Mascarpone

Für die Honigananas die Ananas schälen und in kleine Würfel schneiden. Den Honig 2 Minuten in einer Pfanne erhitzen, dann die Ananasstücke hineingeben. Die Vanilleschote aufschlitzen, das Mark auskratzen und beides hinzufügen. Bei niedriger Temperatur 7–8 Minuten einköcheln lassen, dabei gelegentlich umrühren. Wenn die Ananasstücke eine kräftig goldbraune Färbung angenommen haben, die Pfanne vom Herd ziehen und abkühlen lassen.

Für die Mascarponecreme die Eigelbe mit dem Vanillezucker in eine Rührschüssel geben und weißcremig aufschlagen. Dann den Mascarpone hinzufügen und gründlich vermischen.

Zum Fertigstellen des Desserts die Mascarponecreme mithilfe eines Spritzbeutels oder eines Löffels in die vorgesehenen Gläser füllen und die abgekühlte Honigananas darauf verteilen.

Zitrusfrüchte-Flammeri mit Brioche

Vorbereitungszeit + Garzeit: 40 Minuten
Kühlzeit: mindestens 1 Stunde
Für 6–8 Gläser

3 Orangen
2 Grapefruits
4 kleine Brioches
2 Eier
60 g Zucker
1 gestrichener EL Maisstärke
150 ml Milch
100 ml süße Sahne

Die Orangen und Grapefruits schälen, sodass auch die weiße Haut vollständig entfernt ist, dann mit einem scharfen Messer die Filets herausschneiden, dabei den Saft auffangen.

Die Brioches in etwa 1 Zentimeter dicke Scheiben vom Durchmesser der vorgesehenen Gläser schneiden.

Für die Eiercreme die Eier mit dem Zucker in eine Rührschüssel geben und kräftig verschlagen, dann die Maisstärke und am Ende die Sahne und die Milch hinzufügen.

Zum Fertigstellen des Desserts in jedes (hitzebeständige!) Glas eine Scheibe Brioche legen, darauf eine Lage Orangen- und Grapefruitfilets und eine kleine Menge des aufgefangenen Safts geben. Den Vorgang wiederholen, bis die Gläser zu drei Vierteln gefüllt sind, nun die Eiercreme in zwei Portionen so darübergießen, dass sie bis zum Glasboden durchsickert.

Die Gläser in eine bis zur Hälfte mit heißem Wasser gefüllte Auflaufform stellen und etwa 20 Minuten bei mittlerer Temperatur (160 °C) garen. Abkühlen lassen, in den Kühlschrank stellen und gut gekühlt genießen.

TIPP *Sie könnten auch einen Schuss Grand Marnier oder Cointreau zum aufgefangenen Fruchtsaft geben, mit dem die Briochescheiben getränkt werden.*

Marshmallows mit frischen Früchten und Coulis

Marshmallows – die sind nur etwas für Kinder, sagen Sie? ... Dann haben Sie noch nicht probiert!

Joghurt mit Konfitüre und Müsli

Viel zu oft ausschließlich dem Frühstück oder dem sonntäglichen Brunch vorbehalten, macht sich diese typisch morgendliche Trockenobst-Getreide-Mischung auch zum Dessert sehr gut.

Litschis in Ingwer-Kokosmilch

Litschis in Sirup, ein Schuss Kokosmilch und in feine Scheiben geschnittener frischer Ingwer – Asien im Glas, frisch und fein!

Brownie „Schwarzwälder Art"

Der Beweis: Sie müssen keinen ganzen Nachmittag in der Küche verbringen, um ein köstliches Dessert im Glas zu zaubern. Wer es „geistvoll" liebt, tränkt die Schwarzwälder Kirschspeise noch mit etwas Kirschwasser.

Kaffeecreme mit Nugatsplittern

Aromatisieren Sie einen Pudding oder eine Crème anglaise mit Kaffeepulver und streuen Sie zur Abwechslung zerkleinertes weißes Montélimar-Nugat darüber.

Kleine Madeleine-Baba

Eine Madeleine nach Art der „Baba au rhum" (mit Rum und Zuckersirup getränkter Hefekuchen), mit einer Mischung aus Fruchtsaft und einem Tröpfchen Rum begossen. Und bleibt der Rum weg, können sich an dieses Rezept auch Kinder wagen.

Kekse mit Vanille- und Karamellcreme

Schichten von Vanillefrischkäse und Karamellcreme (oder Schokoladencreme – hören Sie auf Ihr Herz!), jeweils unterbrochen von einem mürben Keks ... Ein Käsekuchen der schnellen Art, fertig in drei Handgriffen.

Cremequark mit blauen Trauben und Crème de Cassis

Ein ultraleichtes Dessert nach einem guten Essen. Die Kombination von cremigem Quark, saftig-frischen Trauben und aromatischem schwarzem Johannisbeerlikör harmoniert auch wunderbar mit einem letzten Glas Wein.

Petit suisse mit Maronencreme und Gebäckröllchen

Die Sahnigkeit des Petit suisse (ungesalzener Sahnefrischkäse), die sanfte Süße der Maronencreme und die Knusprigkeit der Cigarettes russes (Gebäckröllchen) – glücklich vereint in einem Glas!

Kompott „Surprise"

Man nehme verschiedene Fruchtkompotte und mische diverse süße Kleinigkeiten darunter wie Schokoladenstreusel, Minibonbons oder Trockenfrüchte – auf dass es beim Genießen knistere und knacke!

Zimtorange mit feinem bretonischem Sandgebäck

Eine freie Annäherung an die marokkanische Orangensuppe (Orangen schälen, in dünne Scheiben schneiden, den Saft mit Zimt aromatisieren). Dazu passt zartknuspriges Sandgebäck.

Mikados mit frischen Früchten und Schokoladencreme

Die beliebten Gebäckstäbchen werden hier zu Spießen für ein schnell gezaubertes Schokoladenfondue umfunktioniert – hier kann weder Klein noch Groß widerstehen!

Inhalt

Rezeptverzeichnis

Danksagung

Ich danke Christophe Lebègue, meinem Freund und Geschäftspartner, Benojan Thimothy und Alexandre Turpin für die Umsetzung der Rezepte, Camille Fourmont für ihre Hilfe bei der schriftlichen Gestaltung und ihren weiblichen Blick und natürlich dem ganzen Team des Café Noir.

www.cafenoirparis.com

Ein großes Dankeschön auch an Emmanuel Levallois, Richard Boutin, Aline Sibony-Ismaïl und an alle bei Marabout.

Aus dem Französischen übersetzt von Susanne Kammerer
Redaktion: Silvia Rehder
Korrektur: Dr. Michael Schenkel
Umschlaggestaltung: Caroline Daphne Georgiadis, Daphne Design
Satz: Studio Fink, Krailling

Copyright © 2008 der deutschsprachigen Ausgabe by Christian Verlag, München
www.christian-verlag.de

Die Originalausgabe mit dem Titel *Verrines. Classiques – Chic – Exotiques – Gourmandes* wurde erstmals 2007 im Verlag Marabout (Hachette Livre), Paris, veröffentlicht.

Copyright © 2007 Marabout, Paris
Fotos: Richard Boutin

Druck und Bindung: Graficas Estella S.L.
Printed in Spain

ISBN 978-3-88472-801-7

HINWEIS

Alle Informationen und Hinweise, die in diesem Buch enthalten sind, wurden vom Autor nach bestem Wissen erarbeitet und von ihm und dem Verlag mit größtmöglicher Sorgfalt überprüft. Unter Berücksichtigung des Produkthaftungsrechts müssen wir allerdings darauf hinweisen, dass inhaltliche Fehler und Auslassungen nicht völlig auszuschließen sind. Für etwaige fehlerhafte Angaben können Autor, Verlag und Verlagsmitarbeiter keinerlei Verpflichtung und Haftung übernehmen. Korrekturhinweise sind jederzeit willkommen und werden gerne berücksichtigt.